红颜才女系列

为爱当垆 卓文君

姜越 · 编著

群言出版社
QUNYAN PRESS
· 北京 ·

图书在版编目（CIP）数据

为爱当垆——卓文君 / 姜越编著. -- 北京：群言出版社, 2017.1
(红颜才女系列)
ISBN 978-7-80256-815-0

Ⅰ. ①为… Ⅱ. ①姜… Ⅲ. ①卓文君（前 175~前 121）–传记 Ⅳ. ①K825.6

中国版本图书馆 CIP 数据核字（2015）第 173145 号

责任编辑： 盛利君
封面设计： 侯　泰

出版发行： 群言出版社
社　　址： 北京市东城区东厂胡同北巷 1 号（100006）
网　　址： www.qypublish.com
自营网店： https://qycbs.tmall.com（天猫旗舰店）
http://qycbs.shop.kongfz.com（孔夫子旧书网）
http://www.qypublish.com（群言出版社官网）
电子信箱： qunyancbs@126.com
联系电话： 010-65267783 65263836
经　　销： 全国新华书店
法律顾问： 北京天驰君泰律师事务所

印　　刷： 北京晨旭印刷厂
版　　次： 2017 年 1 月第 1 版　　2017 年 1 月第 1 次印刷
开　　本： 640mm × 960mm　1/16
印　　张： 13.25
字　　数： 230 千字
书　　号： ISBN 978-7-80256-815-0
定　　价： 38.00 元

前 言

一代才女卓文君勇敢追求自己的爱情，用自己的坚毅、勇敢褪下华服，冲破世俗，奔向自己的爱人。人们透过纸张感受到了心灵的温热，惊叹共鸣。若爱情是场赌局，她险些血本无归。当他洗尽铅华，回头找寻自己心爱的人时，她已泪流满面。一场圆满的倾世爱情，一句“愿得一心人，白头不相离”迷倒了后世太多的痴情怨女。

卓文君，一个美丽聪明，精诗文，善弹琴的女子。可叹的是 17 岁年纪轻轻，便在娘家守寡。某日席间，只因司马相如一曲《凤求凰》，多情而又大胆的表白，让久慕司马相如之才的卓文君，一听倾心，一见钟情。可是他们之间的爱恋受到了父亲的强烈阻挠。卓文君凭着自己对爱情的憧憬，对追求幸福的坚定，以及非凡的勇气，毅然在漆黑之夜，逃出卓府，与深爱的人私奔。当垆卖酒为生，生活艰难，但两人感情日深。这也是一直流传至今的爱情故事里最浪漫的夜奔之佳话。

纵观文君相如的一生，他们厮守在一起的日子也不到二十年，他们的完美人生竟然是出奇的平淡，在平淡中开始，又在平淡中结束。在不到二十年的时光里，他们既有为油盐柴米发愁的穷苦日子，也有大富大贵的幸福时光，既有相亲相爱、如漆似胶的岁月，也有感情亮红灯、忠贞遇考验的时刻。可以说，正因为他们的爱情人生是曲折平淡的，才更为真实可信的；正因为是真实可信的，才更为值得后人推崇和重新演绎的；同时也是现实而完美相结合的爱情故事的典范。他们的千古爱情向我们揭示一个道理：平凡就是伟大，曲折蕴藏完美。

本书按时间的维度讲述了一代传奇才女卓文君坚毅而又传奇的一生，书中结合她的词作，为读者展现了她的少女情怀，年少丧夫，寡居受气，偶遇相如，为爱私奔，当垆卖酒，守护爱情的过程。不失为一本可读性强的通俗读物。

卓文君大胆地追求爱情，这在封建社会是离经叛道的行为。她当垆卖酒迫使父亲承认她的婚事说明她很机智。以前的女子无才便是德，可是卓文君有才有德。在晚年，司马相如移情别恋的时候，她不像一般女人那样逆来顺受，也不像泼妇那样骂街，而是以诗来警诫丈夫，挽回爱情。卓文君的经历为以后的知识女性树立了自由恋爱的榜样。

南宋诗人陆游在一首诗中写道："落魄西川泥酒杯，酒酣几度上亭台。青鞋自笑无羁束，又向文君井畔来。"两千多年来，文君和相如的故事就好像一坛老酒，时常激起我们品尝的欲望，可谓常品常新。就让我们随着本书一起来品尝品尝吧！

由于时间仓促，作者水平有限，书中错漏缺点在所难免，恳请读者批评指正。希望本书可以让广大读者从中学到知识，开阔视野，全面细致地了解历史人物的传奇人生。

第三章 释前嫌，风风雨雨不离弃

司马相如在事业上略显锋芒，终于被举荐做官后，竟然产生了弃妻纳妾之意。卓文君用心经营着自己的爱情和婚姻，终于苦尽甘来。他们之间最终没有背弃最初的爱恋和最后的坚守。这也使得他们的故事千转百回，成为世俗之上的爱情佳话。

第四章 夜郎国，救妻大冒险

本章讲的是司马相如回到家中，却没有见到自己日思夜想的妻子文君，非常着急，最后得知，妻子在寻找自己的时候在夜郎国遇到了危险，于是他不顾一切地将文君救了出来。

第五章 英雄血泪，妾心随君

本章写的是司马相如在皇帝身边做官所遇到的事情，以及司马相如

第一章

求功名，才子落魄情何堪

千百年来，卓文君和司马相如摒弃封建世俗观念，追求婚姻自由的故事，曾引来多少文人墨客的锦绣诗篇，吟咏唱叹，又让多少憧憬幸福生活的人们为之着迷。本章讲述了才女卓文君初入社会的见闻及其千里求功名的故事。

少年犬子司马相如

自从秦惠文王九年，秦灭蜀继而灭巴，设置蜀郡、巴郡之后，十分看重“天府之国”的发展，便陆续将中原人口迁徙到巴蜀。

巴蜀人口稀少，土地肥沃，物产丰富。中原许多有眼光的人也响应号令，迁来巴蜀垦荒种地、开矿经营。就在这南迁队伍中，有一对年轻夫妇，丈夫复姓司马，从中原南下到了南郡的汉陵，又溯水而上到了巴郡江州。见此地长江、嘉陵江汇合成一江，水源甚丰，然两岸群山逶迤，不宜农耕。他们又乘船逆嘉陵江而上，意欲在这条江畔找个好去处安顿下来。他们听说这江的中上游有巴国古都之一阆中，便径直北上。

司马夫妇坐在北行的船上，一边观赏着两岸秀丽的风景，一边思考着未来。船过了三江汇合处（今合川），进入阆中县地界，继续向着阆中城方向驶去。刚才过了一个大回环的曲流，他们还未在意。可迎面又来了一个曲流，听船上当地人讲，这叫马回坝，有金马回头的传说。司马夫妇很有兴致地观看着两岸。只见两岸十分平坦，一个大坝接着一个大坝，田土虽已大多荒芜，但地处江畔，想必灌溉比北方好得多。

司马夫妇商议，想留在这美丽的嘉陵江畔垦荒务农。思索间，船已过了马回曲流，前面出现一座座青山。青山下，左面的大江边仍是一片一片平坦的土地。忽然，一座山闯进司马夫妇的眼中，这山在平坝上拔地而起，山上树木葱茏，山顶上有一座古寺，山北面悬崖峭壁，可人们贴着这山壁建了一座寺庙，一层一层连着山顶大殿，层层飞檐凌空，煞是壮观。山下片片田土，久无人耕种，显得十分荒凉。山北面一片宽阔岸滩，滩西平地后倚一小山，大江向北沿着滩自西南向东再东北、西北环绕大半圈，有如玉带环绕，此处三面环水，一面倚山，地形十分奇特。

司马先生在中原时曾读过风水书，他忍不住向船老大打听，这是一个什么地方？船夫告诉说：这条江叫嘉陵江，又叫“西汉水”。从秦岭北边叫嘉陵谷的地方源起，过秦岭，闯至巴地丘陵，江流曲曲弯弯，文人说如字如篆，很美，尤其是这一处和阆中城那一处，人说像《易经》说的太极图，水就是阴鱼，岸及滩就是阳鱼。刚才所见那山叫锦屏山，在此地西南，如屏风一样，挡住西南风，风水很不错。可惜这里好地形，秦灭巴国时，屯兵扎营，无人耕种也未建城，阆中却建起了一座风水城池。司马先生听到此，惊叹船老大走南闯北见多识广，照他所说，这是个居家农耕的好地方。他心动了，便与妻商议后，欲下船在此地落脚。船夫说：“你很有眼力。”遂靠岸送司马夫妇上岸。大船又往北继续驶去。

司马先生从此落脚此地，建宅安居，垦荒种地，辛勤耕耘。

朝代兴替，汉室代替秦王朝，在下游增置了安汉县，由于汉初实行薄徭轻赋奖励农耕政策，经济飞快发展，司马夫妇在此平静地经营了近 30 年。当年风华正茂的年轻人，如今已是两鬓见白的中年人了。先是忙于躬耕，之后家业渐渐扩大，只好雇人耕种，自己作经营之事。司马先生夫妇勤俭持家，家资累积十多万，日子过得很辛苦但也很惬意。唯一使他们遗憾的是只顾辛勤劳作经营，尚未养育一男半女。

也许是安汉县锦屏山下“太极图”风水之故，也许是司马先生勤劳且乐善好施之故，终于在汉朝文皇帝刘恒登基那年，司马先人产下一子。中年得子，举家欢腾，按巴地习俗，必起贱名，才好抚养。司马夫妇入乡随俗给儿子取名“犬子”，读书人叫得文绉绉的，庄稼人就叫“狗儿”“狗狗”，叫得欢快极了，司马夫妇乐得合不拢嘴。

司马“犬子”的出生，为司马家带来无穷乐趣，所谓人逢喜事精神爽，年近半百喜得贵子的司马先生终日喜笑颜开，精力也格外充沛。每天早晨舞起剑来呼呼带风，神旺气盛，年轻人都羡慕不已。司马先生尤嗜读书。犬子出生后，他把家中那些已尘封了多年的书籍翻找出来，细心整理一番。这些书籍他年少时早已读过，有的至今仍能倒背如流。一边整理竹简一边想，祖上保留下来这些书简自己又辛辛苦苦地从中原带到巴地该是多么不容易。在自己身后，这些宝贵的文字终于又有人接着读了，而且还会由他传承下去，一代连着一代。小家伙长得清秀不说，眉宇间还露着英武之气，想必能充此大任。

一天上午，司马先生又在书房看书，看着看着忽然有点倦意，他便信步走出书房，不知不觉间便来到了夫人的房前。

司马先生走进屋一看，小公子刚刚睡醒，司马夫人正边说话边摇着哄着。司马先生上前抱起儿子，转身往外就走，嘴里还咕哝着："走，犬子，到爹的书房里看看去，别听你母亲唠叨。"

先把小公子放在书架前，然后司马先生像跟大人说话一样对着儿子介绍起书架上的书简来，小家伙竟也支着耳朵听，似乎能领会他的意思。过了一会儿，司马先生拿过一卷竹简，打开后指着上面的字让儿子看。忽然，小家伙眼睛一动不动地盯着一个字，然后伸出小手指着，嘴里喃喃地说："马——马——"

司马先生一下子惊呆了，他一看竹简上果真是一个"马"字，他一把抱住了儿子，激动地说着："好儿子，能识字了！真是个好儿子！"然后抱起儿子就朝夫人房中跑去。路上，恰巧一个仆人牵着马走过来，小公子竟回头指着说："马——马——"

"这孩子太聪明了！夫人，咱孩子识字了！"

按司马先生先前的打算，他要再等一两年才给儿子启蒙，教他读书识字。但自从儿子读出"马"之后，他便把这计划提前实施了。而小公子竟也对教给他的字学得快，记得牢，他不仅能在地上描画出篆字，就是对父亲偶尔教过的篆字也非常感兴趣，过目不忘。看到儿子如此机灵，司马先生打心眼里高兴，便又利用空暇教他弹琴，小公子竟非常专注，没过多久，就能用稚嫩的小手弹出一些曲调来。

司马家的小公子渐渐长大了，不仅识字多，而且由字到句，由句到篇，由篇到章，诵读自如。虽然儿子有些口吃，并因此而有点羞于开口，然读起书来，却十分流畅。听见儿子书房内传来琅琅书声，司马先生总是禁不住捋着胡须，含笑点头。有时他竟会丢下自己的事，拽上夫人，到儿子书房的窗边听他诵读：

“江汉浮浮，武夫滔滔。匪安匪游，淮夷来求。既出我车，既设我旗，匪安匪舒，淮夷来铺。

江汉汤汤，武夫洸洸。经营四方，告成于王。四方既平，王国庶定。时靡有争，王心载宁……”

“余幼好此奇服兮，年既老而不衰。带长铗之陆离兮，冠切云之崔嵬。被明月兮佩宝璐。世混浊而莫余知兮，吾方高驰而不顾。驾青虬兮骖白螭，吾与重华游兮瑶之圃……”

司马公子带着童音的读书声，颇显清亮而激越。这读书声飞出书房，传至宅外，惹得行人驻足倾听。于是，司马家公子年少颖慧、识字读书的事情便一传十，十传百地传扬开去，人们说，安汉县锦屏山下恐怕要出个大人物了。

一天晚饭后，司马先生又来到儿子的书房，本来是指教儿子，解答疑难的，但父子俩却一下子就谈到读书立志上。

“读书应为励志，”司马先生沉吟半晌说，“我以前给你讲过张仪、苏秦，他们就是靠读书明志、展志大行的人。”

“最近我正读战国时的几册书，其中就有一篇写到苏秦。父亲，我背几段给您听好吗?”司马相如仰起小脸说道。

“当然好啊。”

“说秦王书十上，而说不行。黑貂之裘敝，黄金百斤尽。资用乏绝，去秦而归。羸縢履蹻，负书担橐，形容枯槁，面目黧黑，状有愧色。归至家，妻不下纴，嫂不为炊，父母不与言。苏秦喟然叹曰：‘妻不以我为夫，嫂不以我为叔，父母不以我为子，是皆秦之罪也!’乃夜发书，陈箧数十，得《太公阴符》之谋，伏而诵之，简练以为揣摩。读书欲睡，引锥自刺其股，血流至足，曰：‘安有说人主不能出其金玉锦绣，取卿相之尊者乎?’期年，揣摩成，曰：‘此真可以说当世之君矣!’”

儿子停下来，呷了一口茶，司马先生心中暗喜，苏秦“锥刺股”的精神已感染了犬子，太好了。他情不自禁地说：“好!”

“于是乃摩燕乌集阙，见说赵王于华屋之下，抵掌而谈。赵王大悦，封为武安君。受相印，革车百乘，锦绣千纯，白璧百双，黄金万镒，以随其后，约纵散横，以抑强秦。故苏秦相于赵而关不通。当此之时，天下之大，万民之众，王侯之威，谋臣之权，皆欲决苏秦之策。不费斗粮，未烦一兵，未战一士，未绝一弦，未折一矢，诸侯相亲，贤于兄弟。夫贤人在而天下服，一人用而天下从。故曰：式于政不式于勇，式于廊庙之内，不式于四境之外。当秦之隆，黄金万镒为用，转毂连骑，炫熿于道，山东之国，从风而服，使赵大重。且夫苏秦特穷巷掘门，桑户桊枢之士耳。伏轼撙衔，横历天下，廷说诸侯之王，杜左右之口，天下莫之能抗。”

听到这里，司马先生双手击掌，口中连连叫绝。

“背得好！读书，写书，用书，声震天下，名留后世，苏秦真是有志之人的模范！”司马先生无限感慨地说，“听说现在的皇上圣明有为，即位之后，已向天下颁布诏令，诏举有志之士，我儿正逢其时啊！”

“父亲，人生在世，就应志向远大，成就功业。儿年龄虽小，却不敢不努力攻读，堕了志气。”司马公子说着，然后腾地站了起来，两眼凝视着窗外，心中涌动着一股浩荡之气。

当天夜里，躺在床上的犬子却翻来覆去，怎么也睡不着，干脆翻身下来，来到了天井里。望着家对面的凤凰山，又仰望长天，他把目光停在了北斗七星上，他知道，大约在那个方向，很远很远的北方，有一个叫长安的地方。长安！长安！我一定要像金凤凰一样从此飞去那里建功立业！想到这里，司马公子又回到了书房，重新点亮灯，铺开了书简，秉烛夜读起来。直到雄鸡高唱，他才伸伸腰，和衣在床上躺了一会儿。

从此以后，犬子读书，天天如此，月月如此。

又是一个晴朗的早晨，东方刚刚露出鱼肚白，窗前的小鸟叽叽喳喳欢叫着，薄雾在嘉陵江面上弥漫着，扩散着。

司马先生仗剑走出庭院，大步朝练剑的地方走去，向锦屏山走去，他虽年过花甲，但仍精神矍铄，气宇轩昂，特别是飘在颔下的一缕青髯，更将他衬托得文气十足，儒雅中带有雄健。

离锦屏山腰那块练剑坪已经不远了，司马先生忽然发现那里已有一个人在舞剑。越往前走看得越清楚，舞剑的原来是一个少年，他的一招一式还颇有章法，而且仿佛是自己多年操练的套路。

司马先生正在惊讶之际，那少年忽然跑了过来，朝着他大声叫道："父亲。"

"啊！是犬子！"

司马公子边答应边向父亲飞快跑来，头发上还罩着一层白雾。因为跑得太急，他大口大口地喘着粗气。

"你怎么到这里来的？什么时候学会了舞剑？谁教的你啊？"司马先生感到不可思议，他看着儿子，接二连三地发问。

司马公子却不说话，只是红着脸偷偷地笑，然后拉着父亲的手就往锦屏山腰的另一端走去。到了十丈开外，只见山岩上长着一丛丛浓密的黄荆，树丛的后边，有一小块平地，上面的草已经被踩光了。司马先生恍然大悟。

"你是在这里偷看我舞剑，跟着学的？"

"是的，父亲。"

"偷学多长时间了？"司马先生从儿子手中拿过一柄木剑，满脸严肃地追问。

"有半个月了。"司马公子有些不好意思，小脸更红，双手捏着衣角。司马先生看出了儿子的窘态，就爱抚地拍了一下他的肩膀，然后拉着他往自己常练剑的平地走去，边走边问道：

“你怎么想起学剑的?”

“我……我……我……”

深深地吸了几口气后，司马公子才仔细地向父亲讲述了事情的起因。

原来，司马公子最近读书时知道了几个与击剑有关的侠士，又听了母亲讲北方匈奴屡屡入侵大汉的故事，于是产生了偷看父亲舞剑、暗中加以模仿的念头。

司马公子读到的其中一个故事便是关于唐雎的。

唐雎是战国时安陵的侠士，智勇双全。当时，秦王以强凌弱，口头上答应拿出五百里的土地换取安陵君的五十里的土地，实际上想吞并之，安陵君婉言谢绝，惹怒了秦国。为缓和两国之间的矛盾，安陵君就派遣唐雎出使秦国。

唐雎来到秦国，秦王目中无人地说：“我拿五百里的土地换安陵，安陵君竟不答应，我们秦国已经灭掉了韩国和魏国，只是觉得安陵君是个年长德高的人，安陵才得以保存下来。现在我用十倍的土地来扩大安陵君的领土，他竟然拒绝，这不是瞧不起我吗?”

唐雎不慌不忙，义正词严地说道：“不，不是这样的。安陵君从先王那里继承了封地，就要尽心尽力地守护它。您就是用一千里方圆的土地来换，我们也不敢答应，何况只是五百里呢?”

秦王听后勃然大怒，威胁道：“先生可曾听说过天子发怒?”

“我没有听说过。”唐雎镇静地答道。

“天子一旦发怒，便会尸横百万，血流千里!”

唐雎面无惧色，问道：“大王是否听说过平民发怒呢?”

“平民能发什么怒，充其量不过是摘下帽子，光着脚板，以头撞地罢了。”秦王鄙夷地说。

唐雎慨然说道：“大王错了，您说的是平庸的人发怒，并非志士发怒的样子！当年专诸刺杀王僚时，彗星遮住了月亮；聂政刺杀韩傀时，白虹穿过了太阳；要离刺杀庆忌时，苍鹰飞扑在殿上。这三个人都是志士，他们胸中怒气未发，祥瑞征兆就从天上降下来了。他们和我合在一起，我就将成为第四个志士了。若是志士真的发起怒来，顷刻间就会倒下两具尸体，血溅五步之内，天下的人穿白戴孝，事情或许就发生在眼前!”

唐雎说完，猛地拔剑而立，直逼秦王。望着怒目圆睁的唐雎，秦王不禁魂飞魄散，慌忙向唐雎道歉：“先生请坐，不要如此怒气冲天，我明白了，韩国、魏国先后灭亡，而那安陵君凭着仅有五十里领土却能幸存，只因为有先生你在啊!”

唐雎完成使命，佩着剑回到安陵，秦国虽然强大，但却没有得到安陵的领土。

读完唐雎的故事，司马公子不禁心潮澎湃，心情久久不能平静。他想得很多，唐雎不但有随机应变的智谋，也有一柄利剑和一身精湛的剑术。他必定是又读书又学剑啊！可我只读书……一连几日，司马公子一直在想着这个问题，甚至被搅得茶饭不思，无心读书。

从此时起，司马公子陡然萌生了学习击剑的念头。他觉得，只是苦读诗书，还是难以成名报国的，如果有一身好剑术，再加上饱读诗书，文武双全，那就好了。思前想后，司马公子找到母亲，向她说出了自己的想法。

迟疑了半天，母亲才说：“父亲恐怕不会教你学剑的。”接着母亲讲了一件事情，她说，司马先生很小的时候，司马家与一个剑客有着一些联系，那剑客是一个山东剑侠的后人，剑术非常高明，在中原老家他只教了司马先生一人。后来，那剑客去了长安，从此再也没有回来。司马先生学会击剑之后，曾非常用功，以致有一段时间荒废了读书。又过了一些日子，他拼命读书，再也不摸剑柄。直到儿子出生前的几年，他才重新练起剑来。曾有不少人想跟司马先生学剑，可他从未答应过。

听了母亲的话，司马公子心凉了半截。有几次，他硬着头皮，想跟父亲说出心里话，可话到嘴边又咽了回去。最后，他想出了一个办法：不如以木代剑，暗中跟父亲学剑。于是便有了前面的一幕。

听了儿子的话，司马先生捋着胡须，若有所思。过了老半天，才神色凝重地说：“你把这么多天学的剑舞给我看看吧。”边说边递过了自己的剑。

司马公子在父亲面前，拿起真正的剑，有些胆怯，操剑也特别费力，虽然步形身架颇像那架势，但剑与腕甚至身体都不甚协调。司马先生叫住儿子，想指教一番，但又觉得无从下手，就对他说："看我给你舞一套来。"

司马公子起初还能用木剑跟着父亲比画，但几个招式之后，就跟不上父亲的节奏了。直到司马先生收剑于怀，完成招式，他才从痴迷中回过神来，拍着巴掌叫道："父亲，您舞得真好！"然后他走到司马先生跟前，双膝跪地道："父亲，您能教孩儿吗？"

司马先生扶起儿子，扭头朝东面的凤凰山方向看着。好一会儿，司马先生才缓缓地说："本来我只想教你读书弹琴，读书可以开阔视野，培养志向；琴声优雅，可以陶冶性情；我想过，如教你击剑，怕你沉迷其中而误了学业，现在看来你已懂得了这么多事理，还把读书和击剑联系到了一起，我可以把剑术传给你了！"

太阳已升得老高，杜鹃花、黄荆丛上已没有了露水。嘉陵江上，扎筏子运木头的水手正大呼小叫地顺流而下。司马父子二人仍在锦屏山上习练剑术。

从此以后，司马相如每天闻鸡起舞，风雨无阻。在父亲的指点下，他的剑术越来越精，日趋完美了。

犬子长到十六七岁的时候，已是诗书满腹，出口成章，对于读书人望而生畏的篆书也颇多识记，并刻意探讨文字之形与音义。这时的犬子，已经跟父亲学到了较为高超的击剑本领，有时与父亲对练起来，还能胜个一招两式的。琴技音律也熟谙心中。望着英俊孔武、相貌堂堂的儿子，听着乡亲们的夸奖，司马先妇更觉得犬子是司马家的希望。

空房抚琴，有如天籁

卓文君生活在西汉中期，大约生于公元前162年左右，卒年无法确定，大约是在公元前117年以后。她是今四川邛崃人，其父是富商，在盛产盐铁的临邛县中，首屈一指。卓家的人，素有精明强干、富有远见但又有些固执的家族传统。关于她的祖先，《史记》中有记载，但已失去了名，只称卓氏。

公元前222年，秦国灭了赵国，决定把赵国的有钱人和宗室迁移到别处去，防止他们聚众谋反。卓氏是赵国冶铁业的富商，在战争中家产被掳掠一空，但仍被勒令离开故乡。不过，卓氏并没有像其他那些失去财产的富人一样惊慌失措。他自信凭着自己这一身开矿经营的本事，走到哪里都会派上用场的。而且在这种终日战乱的时候，身外之钱财随时都有可能失去。何况家园已被毁得不成样子，倒不如去别处另创一番事业。眼见其他的富人们都畏惧行途、害怕受苦，将劫余的一点点钱财贿赂官吏，要求迁到附近不远的葭萌地区，卓氏夫妻颇不以为然。原来，他们早有计议：“此地物产贫乏，地方又小，我们如果仅仅因为怕路途险阻遥远而在此安家，就不会有恢复往日气象的那一天。听说汶山之下有一片沃野，土地肥沃，能种很大的芋，那儿的人终生没有受过饥寒之苦，在那儿作买卖也会很容易，我们何不去那里安家。”卓氏夫妻心路很宽，计议既定，便向官府请求去蜀地安家。

卓氏夫妻推着小车，经过许多荒凉与富庶的地方。富庶的地方留不住他们，荒凉更不能阻挡他们的前行。就这样，他们跋山涉水辗转来到四川临邛。

临邛盛产当时天下百姓共缺的盐和铁，而且依山傍水，非常富庶，且民风淳朴，正好可以发挥他们的专长。

临邛人十分好客，他们对外地的卓氏夫妻非常热情，帮助他们安家落户。卓氏夫妻也依靠从赵地带来的先进技术结合当地的特产，亲自勘察计算，然后就带领着蜀人开山凿矿，挖井取火，冶炼出上等好铁。

火井与水井是临邛的两处很有特色的景观。火井，其实就是天然气外露的出口，可用竹筒钻眼吸取。水井，则是含盐成分较高的咸水井，利用火井的火点盐水和冶炼铁矿，事半功倍。虽然水井遗址早已不见了，但还可以考出具体地方。据《华阳国志校注》的校注者刘琳考证，唐宋时仍有水井，位于今天的火井乡西七八里处的盐井西侧（属新民乡境）。陆游的《老学庵笔记》则记载了蜀地用竹子烧成炭来冶铁的历史。

卓氏夫妇颇有一套经营办法。初时，他们用供吃供住的办法廉价招来许多本地贫苦农民和外地流亡到临邛的人，进行繁重的体力劳动。加之充分利用当地人民发现的火井的天然气煮盐，用附近山中的竹子烧炭冶铁，既降低了燃料的费用，又生产出高质高产的盐和铁。

经过几十年勤苦的劳作，卓家渐渐地富了起来，成为一个“僮千人，田池射猎之乐拟于人君”的巨富。这样过了不长时间，天下归了刘姓汉朝。从汉高祖刘邦到汉景帝刘启，实行休养生息的宽民政策。虽说对商贾进行限制打击，可卓氏一家仍是“多富人”的临邛县中的首富。有“僮八百人，钱数百万”，卓文君就是生长在这样一个家庭中。

卓文君自幼就十分聪颖伶俐。由于家境富裕，有条件读书，自然使其对文学爱好有加。她学过琴，对琴理很熟，更招惹叔、伯、兄、弟的疼爱。年岁稍长，文君已出落成了窈窕淑女，心中向往着诗书中描写的美好的爱情生活。

然而不幸的是，他父亲执意将她许配给一个富家子弟。文君虽心中不愿，也只得打起精神，勉为人妇。她把对爱情的憧憬深深地埋藏在心中，每日独自弹琴读书，寄托情致。谁曾想，婚后不到一年，丈夫突然得病死去，这时文君才 17 岁，便寡居在娘家。整日的无聊与空虚折磨着文君，她以为自己这一辈子只能这样平平淡淡地无聊地消耗掉了。然而，死水微澜之后，她注定将要在一出惊世骇俗、一波三折的大戏中扮演女主角。也许，正是这种无奈的婚姻和无聊的寡居心态坚定了她日后超乎寻常的执着信念。

话说当地首富卓家唯一的女儿新寡的消息，很快就轰动了临邛。当地的富人子弟，都为了她的美貌与家中的富有而纷纷向卓家求婚。卓王孙认为寡女再嫁很失体统，而且对那些纨绔子弟也瞧不上眼，便一一回绝。闻知父亲的拒亲之举文君当然心灰意冷。其实她对这些不怀好意的富家子弟也没有丝毫好感，自然就听其父所为。

临邛县还有一个富人，叫程郑，祖籍山东，也在秦时迁到临邛，经营盐铁买卖，在临邛县的富有程度仅次于卓家。他们两家互帮，结勾亲谊，往来也多。一日，程郑来到卓家拜访，寒暄之后，卓王孙问道："程翁，今日可是有什么事示教吗?"

程郑回答说："不敢不敢。卓翁，近来可听说县令来了贵客?据说就是大名鼎鼎的司马相如，文采极好。我们梁王好文喜士，这司马相如是梁王府中第一才子，连大名士枚乘都自叹不如，我们县令每日都要去部亭拜见他。卓翁，咱们是不是请县令邀这司马相如来聚一聚，也见识见识梁王府中的贵客。"

卓王孙听了，赶紧说："这事我怎么能没听说，咱们县令对他都毕恭毕敬，这临邛县谁不知来了贵客，今日您既说了就在敝舍招待他吧。"

程郑客气道："小弟提议，却要您来破费，还是在小弟府中吧。"

其实，卓王孙也很想讨好县令，一听程郑抢着做东，便急忙说："还是我同县令熟，况且我这儿距司马相如住的近，请程翁这次让我占这个先。"

程郑不好再争，只好同意。两人叙叙家常，又唠起近日盐铁要官卖的问题，一会儿，程郑便告辞回府，准备邀请一些富商同请县令与司马相如。

卓文君本与程郑很熟，这日知程郑来了，便欲出见，但刚出闺房，正听得程郑与卓王孙说约邀司马相如之事。文君听到这便停步下来，仔细听程郑夸司马相如。文君平日便知道这司马相如是蜀郡有名的才子。又细读过司马相如所作的《子虚赋》，对司马相如的文才深为佩服，常怨没缘撞到这样风流潇洒的人做丈夫。此时听说父亲要宴请司马相如，不禁大喜，顿时心中升腾起一种急欲目睹这位才子风采的渴望。想着想着，程郑已告辞从前门出去了。文君便进堂问卓王孙：“父亲，刚才程伯来是不是说要宴请司马相如?”

“是呀，你怎么没进来见见程伯?”

文君说：“孩儿见程伯与父亲谈正事就没打扰。父亲是不是要在咱家请那司马相如?”

“我只不过是应付一下风俗而已，他一个文人，连官也做不成，成不了气候。我借请他的机会，请一请县令才是真。这班文人，只知靠写文章骗名捞利，哪像咱们卓家，靠真本事才挣下这份家业。”

说到这，卓王孙不禁想起近日风传朝廷要将盐铁业由民间经营转为官府专卖，禁止私人冶铁制盐。朝廷上主张官卖的就是这班文人，心中恨恨不止。文君见父亲如此说，知道他又要发脾气，就回房去了。只听后面卓王孙还在摇头叹气：“……这些文人，自己穷，还要让别人也变穷。”

文君回房后，心中一直想着司马相如是如何模样，左思右想，总是个穿戴豪华的富家子弟而已。索性不去想，拿出琴来弹了一会儿，可心中仍放不下司马相如的影子，便去架上取下父亲从前请人抄录的《子虚赋》读了起来，读着读着，被那雄壮的气势、美丽的辞藻再一次迷住，就这样一遍一遍地读，每一遍都加重了司马相如在她心中的影子。文君幻想着同司马相如结成夫妻，每日里弹琴、煮酒、吟诗，可突然父亲那愤恨的面孔打破了这些憧憬。刚才父亲说的那番话又在耳边响起："这班文人，只知靠写文章骗名捞利""这班文人，自己穷，还要让别人也穷。"文君不禁心中黯然。父亲靠冶铁卖高价，富有已极，又有僮客八百余人，连皇帝也不过如此，却还想更富。唉，父亲如此厌烦文人，想来是无论如何也不能让我嫁给司马相如了。

汉时风俗，妇女再嫁尚不受阻挡，史载，王室贵族和大臣之妻以至平民之妻均有夫死再嫁者，社会上亦无非议。所以在卓文君面前选择的并非是是否再嫁的问题，而是是否能不顾父亲的阻挡，去寻找真正的幸福。服从父亲，可文君此生已不可能放下司马相如，况且也很难找到那么有才的人。不服从父亲，自己一个弱女子又如何生活？而且司马相如是否会对自己也有意，尚不可知。卓文君独自叹息着，侍女在一旁却不知如何是好。卓文君暗自叹息思索着睡下，心想此生只要能一睹相如风采已足，别无更高的奢望了。但是，文君却怎样也不能不想司马相如。

自从寡居以来，文君第一次感到自己对爱情是那么的渴望。

侍女们发现，女主人近几天总是一会儿兴奋异常，一会儿黯然神伤的，化妆的时间愈加长了，经常在镜前照个没完。文君也感到了自己心情的变化，有时也不禁暗笑自己，被一个没见过面的人弄得神魂颠倒，可这心情又如何抑制得住。虽说已是寒冬腊月，文君却更爱到花园中去静静地坐着，她迫不及待地盼望司马相如到来的那一天。

经过几天的准备，卓王孙和程郑已邀请了上百位临邛的商贾士绅。卓府珍藏的精美酒器也都擦拭一新，准备待客。

县令王吉痛快地答应了卓王孙的邀请，一切都准备好了，只差司马相如的同意。

卓王孙在府中忙忙碌碌，而这大宴的重要客人司马相如却稳如泰山，每日只是练剑弹琴，仿佛根本没在意临邛人的关注。

远赴千里求功名

司马相如当时的生活并非琴书雅集，诗酒逍遥，而是穷困潦倒、寄人篱下，是个不得志的落魄文人。

他年少时是一个比较上进的青年，虽然家中富裕，但是他不养尊处优，而是好读书，也爱击剑，是个文武全才的人，但是唯一的不足是他有点口吃。《史记·司马相如传》中提道：“相如口吃而善著书。”

他一开始的名字比较不靠谱，叫犬子，很多人都认为这是父母怕他有灾给他取的小名，因为中国人有传统，给孩子取个贱名容易成活。其实不然，狗是五畜之一，在汉朝时是一种招人喜爱的动物，取这个名字是长辈很爱怜司马相如的意思。

而司马犬子，显然不喜欢这个名字，他有个偶像，就是战国时赵国的蔺相如，完璧归赵、渑池会、将相和的故事深深地刺激了司马犬子，他立志要当蔺相如那样的人，所以他把自己的名字改成了司马相如。

富裕的司马家给孩子买了个郎官当，后来在汉景帝时期做了个武骑常侍，这是个六百石俸禄的位置，不过这个工作并不轻松，要“常侍从格猛兽”，相当于汉景帝的保镖。汉朝时的皇帝大部分都好打猎，都喜欢和猛兽格斗，所以能给汉景帝当保镖，可见司马相如并非柔弱之人，而是个武艺高强的人。

而且这个职业是个比较有前途的职业，纵观大汉王朝的历史，很多丞相并非正统的士人，而是皇帝身边的下人，驾车的当上丞相的就有好几位。

在别人看来，能在皇帝身边当差，正是求之不得的美差，可司马相如却意不在此，他对权力不感兴趣，对金钱也没有太大的欲望。虽然司马相如少时习剑，却不好这整天把脑袋别在裤腰带上的工作。司马相如一直很喜欢写赋，而且对写作很有天赋。他进京城的目的就是为了学习写赋，虽然一身武艺，但他最大的心愿，就是成为名满天下的才子。而问题是汉景帝不像刘邦，他不喜欢辞赋。而且他也不相信一个保镖能做出什么样的好辞赋来。

正当司马相如就要在他不喜欢的这个位子上耗费自己的青春年华的时候，一个人的到来改变了他的命运。

有一天，汉景帝的弟弟梁王刘武从他的封国赶到京城，前来朝见汉景帝。随同他来的有邹阳、枚乘、庄忌等名士，这几位都是当时著名的辞赋高手，司马相如和这几位志趣相投，非常谈得来。从此以后，日日文友相聚，谈诗论画，风流逍遥。可惜好景不长，朋友们不久就离开了，偌大的京城，只留下司马相如一人。每日里舞刀弄剑，继续做他的武骑常侍。这对一个才子来说，无疑是痛苦的。

司马相如终于做出了决定，他决定为了理想而放弃他原先的工作，所以他称病辞去了那个比较有前途的保镖工作，到梁国去游历。

很明显，梁王刘武是个比较喜欢辞赋的人，所以他安排司马相如跟那几位名士住在一起，这可以说是司马相如最快乐的一段时间，生活上有人供养，无拘无束，而文学造诣上来说，他写出了著名的《子虚赋》。

这篇辞赋的艺术价值极高，梁王爱才，于是便赐给司马相如一把绿绮琴，上面刻有“桐梓合精”四字，实为琴中之宝，是当时不可多得的名贵乐器。

艺术上有成就，生活上有人照顾，司马相如无比快乐。

可是快乐的日子总是过得很快，梁王刘武因为后来没有可能再做储君而无比郁闷，所以先于汉景帝死去。这批文人也失掉了靠山，各奔东西，司马相如也回到了老家。

由于司马相如在梁王那里最多只能算是一个宾客，没有任何俸禄和官爵，所以当梁王死后，已经没有任何收入的他只能回到蜀郡。

但是，到家他才发现，那个原本富裕的家已经败了，至于败家的原因，史料无载，但是可能和给司马相如捐官花费很多有很大的关系。

司马相如不知道此时是不是后悔辞去俸禄颇丰的工作，而到梁国去从事自己爱好的事呢?

人总有自己的选择，无可厚非。而且，很多事情也是没有后悔药吃的。

辞赋本来就是一种非常高深优美，适用于贵族享用的高级“奢侈品”，而百姓对其并不感兴趣，所以司马相如在很长时间内都没有找到可以养活自己的工作。

司马相如这时才知道，闹了半天，自己得意的那些特长，好像只能在皇家才有用武之地，一旦离开了那个政治中心，自己竟然没有一技之长可以养活自己。

阴差阳错，巧遇贵人

司马相如回到了老家，但此时父母已故，家产全无，无以为生。思来想去，司马相如想起了从前的好朋友王吉，其时王吉正在临邛任县令。王县令和司马相如两个人自小相识，是莫逆之交。见司马相如如此狼狈，王吉便书信给司马相如，让他来投奔自己。

司马相如无处可去，见有人收留，欣然前往，王吉将他安顿在县城都亭里。

见司马相如到来，王吉非常高兴，着下人备上酒菜，两人边饮边叙离别情意，相如把离别后的境遇详详细细告诉了王吉。当得知好朋友至今既未娶妻又无官做，生计都成问题时，王吉很是同情，安慰道："司马兄，你现今的落魄，我相信只是一时，你那名冠朝野的词赋文章，终有一天会派上大用场，蛟龙得水、凤凰落梧的好日子在等着你呢"。

饭后，王吉把相如安排在临邛最豪华的客舍都亭住下，并直言问道："长卿，你现今有什么打算？"司马相如素闻王吉是个有名的清官，在临邛吏治良好，生活俭朴，很受百姓爱戴。猜想王吉虽为官多年，家中也恐少有积蓄。相如本想找王吉借点钱作盘缠，去长安找朋友谋事，但憋得满脸通红，半天也没说出一个字来。王吉见相如窘迫的样子，宽慰道："你我情同手足，有什么就直说吧。"相如这才吞吞吐吐道："王兄，你……你能否借我五……五千钱作盘缠？我想再回长安谋事。""再回长安？"王吉问道，相如点点头。王吉思忖道："这样吧，你要再回长安，我也不阻拦。只是你既然来了我这里，就不要急着走，先看看临邛的山水风光吧。"

其后，王吉在处理公务之余，便抽空陪同司马相如游览临邛的山山水水。一日，他们路过临邛首富卓王孙府第，听见里面传出悠扬凄婉的琴音，司马相如很是惊诧，暗道："在这偏僻之地的豪宅大院里，怎么会飘出这等美妙而又令人心酸落泪的音律？"竟自听得呆了。王吉见相如站着不动，上前拍了拍相如肩膀，相如才恢复常态。这琴音撩拨起了司马相如的几多疑问，忙不迭地朝王吉道："王兄，这园中是什么人在弹奏琴弦，琴音竟如此吸人心魄？既美妙绝伦，又让人倍感哀伤？"司马相如的这一询问，打开了王吉的话匣。王吉一五一十地把卓府的财势、卓王孙的攀附权贵、卓文君出嫁及不幸的遭遇，全部详详细细地告诉了司马相如。对卓家的情况，尤其是卓文君的才貌和际遇，相如早有耳闻，今日一听王吉的介绍，料想这琴音定是文君所发。慨叹道："唉，自古红颜多薄命，此女子真是可惜了。"他们一路走一路谈，不知不觉已到都亭外。王吉道：“长卿，今天就歇息吧，我回县衙处理点公务，明天再来陪你。”说罢告辞离开了都亭。

回到都亭，司马相如又沉浸在了琴音之中，一个人静静地回味、猜测和胡思乱想起来。心中暗想：“此音只应天上有，人间哪能几回闻？但那曲中诉说的心声又只有人间才会有啊。”原来，卓文君这个 17 岁的妙龄女子被父亲做主嫁给一个痨病秧子丈夫，不满一年夫死新寡，回到娘家，本来活泼开朗的性格变得沉默寡言了，整日里长吁短叹，对自己的命运感到不满，对自己的前途感到渺茫，想要与命运抗争又不知如何抗争，只感黑暗的日子茫茫无绝期。这天，文君就在园子里借琴音吐心声，哪知恰巧被路过的司马相如听见。对于精通音律的相如来说，曲中之意哪能不解？所以，这琴音令相如茶饭不思，寝食难安。也难怪，这些年，相如游历甚广，每到一处都在寻觅知音，但多年过去，再是王公贵族家的公主、小姐，也没有一个是他所觅的知音。他常说：今生恐难觅到知音了。不期想，在巴蜀之地的临邛县，居然让他无意中听到了文君这天籁般迷人的琴声，尤其那通过琴声传达出的思绪，使司马相如一闻便感到心意相通，认定成知音了。

这一夜，相如受尽了煎熬，辗转反侧，五味杂陈。如今知音是觅到了，又如何呢？他不知下一步该怎么办。想向卓王孙提亲吧，依自己目前的境况和卓王孙的势利眼，肯定没有结果；想放弃吧，又千万个不愿意。思来想去，必须见卓文君一面的念头始终缠绕着他。一定要找王吉想办法见见卓文君，这是司马相如做出的最终决定。待他做出这决定时，天色已大亮，鸟儿在树上清脆地鸣叫着，仿佛在催他赶快起床办正事。相如翻身起床，洗漱完毕，用了点早餐，就心急地等起王吉来……相如叫书僮到门外张望了两三回，才见王吉姗姗而来。

见到王吉，司马相如劈头就说："王兄，请你想办法让我见卓文君一面吧。"王吉见司马相如这样说话，定定地看着他，好一阵才弄明白相如的心意。遂道："你想见卓文君……这事恐有难度，容我想想。"王吉背着手，在都亭房中踱起步来。相如目光随着王吉走了一圈又一圈，也不见王吉说话，急道："王兄，可想出办法吗?"王吉仍摇头不语。原来，王吉对临邛的势利富户，向来心生厌烦，平素颇不愿与他们多来往，今日相如所托之事，必须先找卓王孙，这让他甚感为难。不答应吧，对不起朋友；应承下来吧，又觉心所不愿。又踱步思忖一阵后，抬头见相如焦急的神态，说道："长卿，你别急。我们一起来想办法。这样吧，我们想办法让卓王孙主动请你去卓府作客，到时就有可能见到文君了。"于是二人商量出了一个小主意。

此后，王吉每天办完公事，便毕恭毕敬地到都亭拜访司马相如。开始几天，相如还躬身相迎，后来就干脆不见了，只叫书僮琴心出来应酬。琴心心领神会，趁机大声对众人说："我家主公身体不舒服，不能出来相见，王县令请回。"相如越是不见王吉，王吉越是跑得勤，越是恭恭敬敬。一些日子下来，整个临邛都议论开了。那人是什么来历啊，连县令都敢不见，可王县令还如此对待他。一些巨富、商人听说司马相如是县令的朋友，猜想来头一定不小，为了巴结县令，便暗暗商议着宴请相如。首富卓王孙更是一门心思想借请司马相如的机会，一来讨好王吉，二来在众人面前炫耀自己的财势。

如此一来，县里的富商都希望可以见一见司马相如，于是，程郑就前去与卓王孙商议。当王吉接到了卓王孙的邀请，他知道自己这几天的努力没有白费。果然，让他如愿以偿，司马相如可以见到了卓文君了。卓王孙立即安排全力操办，准备在中秋之际宴请司马相如。为了显示自己的富有和有品位，卓王孙把珍藏的金银珠宝全部摆在客厅里，还找了一些书画挂在墙壁上，把文君的琴棋摆在庭院里。布置妥当，请客之期也就到了。

真是千里姻缘一线牵，因为这次宴会，一场浪漫的相逢就此拉开了帷幕。

第二章 梦佳人，不畏礼教遂私奔

今夜细雨清风几许凉，缕缕思情绕心间，使吾彻夜不成眠，夜阑三更独矗窗前，披衣问细雨，几多相思，万千柔情……情来如雨季，爱归随风去，细雨三更梦，暗想佳人夜难眠。卓文君和司马相如彼此仰慕，一见倾心，彼此苦苦思念。

窈窕淑女，君子好逑

卓文君久仰司马相如的文采，她第一次读到《子虚赋》，便惊慕司马相如的文思，后来反复诵读，印象更深。如今父亲要请相如到府上做客，心想也许能寻个机会看看相如的相貌，了解了解他的人品。看司马相如是否真有传说中的那么优秀。

王县令和百余受邀的临邛富户、名流，上午就陆续到了卓家，整个卓家人欢马叫，热闹非凡。眼看太阳快当顶了，却还不见司马相如的踪影。怎么回事？卓王孙既着急，又不便声张，只好强颜应酬着。吹鼓手不知情，以为客人到齐了，开始了午宴前的吹打。厨子们一听鼓号，以为催开饭了，纷纷摆席。卓王孙讪讪地上前请王县令入席。王吉一听，道：“卓翁，司马公没来，本县怎敢先他入席？我们还是等等吧。”主客又一起等起来。过了一会，只见司马相如的书僮琴心慢慢走来，见到卓王孙一拱手：“卓翁的盛情，我家主公心领了。今日主公身子不适，不能赴宴，嘱我向众位致歉。”卓王孙一听傻了眼，王吉忙宽慰道：“卓翁别急，我再去请司马公。”于是几位巨贾随王吉又来到都亭，恳请司马相如赏脸赴宴。司马相如不得已命书僮琴心备车赴宴。

司马相如一行刚到卓王孙家门外，吹鼓手们就使劲地吹起了迎宾曲，众陪客蜂涌出来迎接，那场面，煞是壮观。相如被大家拥到首席，再三推让不过，遂在首席坐下。王吉紧挨下座作陪，众陪客各自找好座位入席。开宴后，恭维声、劝酒声不绝于耳。宴席上觥筹交错，热闹非凡。而心中忐忑的卓文君，悄悄地来到屏风后窥视司马相如。其实司马相如这一次做客卓家，也是有备而来。当他发现竹帘晃动，帘边露出一俊美女子的面容时，内心窃喜，猜想定是文君。虽然表面不动声色，心中已经有了主意。

酒过三巡，王吉就站起身，朗声说道：“长卿兄，席间无丝竹，美食亦无味。你何不拨弄一曲助助酒兴，让众人享享耳福？”

其实相如自对文君心仪以来，一直都在思忖怎样传递自己的爱心，打动文君的芳心。文君既是音律高手，相如就想也以琴韵表心迹，这几天专门作了一曲《凤求凰》为今天预备着，且内心一直祈祷文君能听见。见王吉相请，也不推辞，司马相如就用那把著名的“绿绮琴”弹唱起那首著名的《凤求凰》。待到抚琴时，相如就专心致志、声情并茂地弹唱起了他刻意作的《凤求凰》来。其词曰：“……凤兮凤兮归故乡，游遨四海求其凰。时未遇兮无所将，何悟今夕升斯堂？有艳淑女在此房，室迩人遐毒我肠。……”

琴声一起，满座皆静。卓文君在帘边见到潇洒儒雅的司马相如，已是心中怦然一动。但闻那美妙绝伦的音符和情深意切的表白，更如痴如醉，心旌摇荡。文君定定地听得入了神。弹完上阕，相如举目屏风处，见文君痴醉的样子，知是自己的曲子打动了她，甚是高兴，遂继续抚琴："凰兮凰兮从我栖，得托孳尾永为妃。交情通意心和谐，中夜相从知者谁？双翼俱起翻高飞，无感我思使余悲！"这悠扬的琴声，把相如的心意尽情地传送，那狂涛般的感情直撞文君心扉，让文君与相如越来越心意相通。一曲终了，满堂皆是喝彩声。这声音，终于让文君恢复了常态，羞怯地隐入帘后。

这使得卓文君心神不宁，有了相见恨晚的感觉。难道，他就是自己一直在等的人？

其实，司马相如也早已听说卓王孙有一位才貌双全的女儿。

这种在今天看来也是直率、大胆、热烈的表白，自然使得卓文君芳心暗动。于是，心乱了，诗乱了，琴也乱了，苍茫尘世中，注定了他们在此间相遇，也注定他们，要经历风风雨雨，走过山山水水……

卓文君回到闺房，内心五味杂陈。听相如的琴声，明明是在向自己示爱，希望与自己结为伉俪，永结同心，这让文君很是喜悦；转而想起自己的身份，又黯然神伤，茶不思，饭不想，伫立窗前，玉兔东升竟不知。丫鬟红玉见小姐如此模样，非常着急，不知如何是好。为了宽慰小姐，红玉提议主仆二人到花园走走，赏月散心。文君叹息着随红玉来到花园，见秋风习习，树影摇曳，文君更感心伤。

宴毕，王吉将司马相如送回了都亭。相如回到都亭，坐卧不安。他虽猜想卓文君肯定听懂了他的琴音，但是否与他心意相通，他无法确定，又没找到机会用其他方式互明心迹，怎么办？想来想去，相如觉得必须采取行动，想办法送信物给文君再表心意。于是，唤进书僮琴心，取下自己的翡翠腰牌，叫琴心托可靠之人尽快送给卓文君。琴心听完主人吩咐，小心翼翼地接过腰牌转身而去。

卓文君画像

琴心离去后，相如想，无论如何，还是应该找媒人到卓府提亲。鉴于卓府的情况，相如感到只有王吉充当媒人最合适。次日一早，相如就匆匆到县衙找王吉。王吉一听好朋友的想法，答应帮忙帮到底，亲自到卓府走一趟。

下午，王吉就备上彩礼到卓府去了。卓王孙见王县令亲自登门，满心欢喜，恭敬地相迎。一见面，王吉就朝卓王孙拱手道喜，搞得卓王孙犹如丈二和尚——摸不着头脑。待弄明白王县令是来替司马相如说媒时，卓王孙道：“感谢老爷做媒，容我考虑考虑，明日回话。”王吉见卓王孙没有爽快答应，心中有些不悦，应酬几句就离开了卓府。

这天，司马相如如坐针毡般等候着消息。一来想听到文君的回话，二来想听到王吉的说媒结果。傍晚时分，才见王吉面无表情地来到都亭。见王吉的神态，相如已预感到事情不妙。王吉见相如焦急的模样，宽慰道：“司马兄，你别急，卓王孙今天虽没明确表示同意，但答应明天回话，明日一早我再去卓府。”相如见王吉如是说，抱着一丝希望继续等待着。王吉劝慰了相如一阵，就回县衙去了。最让司马相如心焦的是，居然一整天都没有卓文君的消息。到底怎么回事？看着渐渐黑下来的天色，相如心情越来越沉重，感到希望越来越渺茫。

再说卓文君，自从听懂了司马相如的琴中所诉，就一直在等待着相如的进一步行动。一大早收到相如托人送来的翡翠腰牌，心花怒放，盼着相如速速找人向爹爹提亲。下午听说王吉亲自来说媒，喜不自胜，但爹爹没一口答应婚事，又让她心中七上八下，自己安慰自己道：“不要担心，爹爹明天会答应的。”话虽这样说，但这折磨人的夜还是让文君一夜无眠。

情到深处，凤凰何时来

一曲《凤求凰》，他赞她高贵如凰。是的，他在示爱，他要“求”她！她怦然心动！没有人知道，卓文君封闭的芳心已被打动。17岁时嫁了人，那时只是年少夫妻，并不深知爱的欢娱和哀痛，还没来得及学会爱，不足一年，他死去，她回到娘家。

对那个人的思念，后来想起来，更多的是对自己的怜悯，将所有的青春美貌放诸他身上的一场豪赌，结果还没开局就被死亡淘汰。一切还没开始，不应该就此结束，文君并不甘心。或许，每一个失败的女人都会不甘心，但是卓文君，无疑多了几分勇气，几分眼光。

回家后她一直这样寂寂地，父亲以为她是为情所伤，因此并不愿拘禁她。没有一个慈爱的父亲愿意拘禁自己的女儿，何况，在他眼中的女儿是如此的温柔、美丽、忧伤。

他好像并不知道女儿的多情。所以后来，她才能如此轻易地和司马相如夜奔。

岂止是多情，其实文君的内心一直如蔷薇盛放。只是她不打算让父亲走近她的花园，窥见她心底的秘密。不过，多情不等于放荡，如果遇不上让她阳光丰盛的男子，那么文君宁可一生寂寂。

他来了，这个说话略有口吃的俊雅男人，巧妙地避过了自己的弱点。他用绿绮传情，琴音如诉，她心动神驰。

第二天一早，王吉又到了卓府，此时卓王孙迎见王县令的态度不如从前恭敬了，见面就说："王老爷，昨日说媒之事，我考虑了一整夜，还是小女没那个福分。"王吉道："难道卓翁真要令爱终身守节？"卓王孙道："小人唯遵周公之礼。"王吉见卓王孙不给面子，自己亲自说媒都不答应，很是生气，但又拿他没辙，只好甩袖而去。

其实，卓王孙并不是要文君守节，而是他攀附权贵的思想在作祟，他想让文君嫁个有权有势的人家。昨天王吉离开后，他就想办法到处打听司马相如的家势，他了解到司马相如家贫且无官无职，遂冒着得罪县令的风险拒绝了这门婚事。

王吉把在卓家的遭遇告诉相如后，相如深感事情难办，但又不甘心就此放弃，郁郁寡欢。王吉恨卓王孙不买自己的面子，就劝相如不要灰心，另想他途。王吉是个开明的县令，对封建礼教本就不满，于是乘机对相如说："长卿，卓王孙这个老顽固不让你明媒正娶，你何不悄悄带文君走？"相如一听，顿时豁然："是呀，我何不带文君回老家呢？"有了此想，相如即修书一封，当夜就叫琴心去找人交给文君。为了避嫌，王吉出主意后就离开了，相如也不想再惊动他，心想只能与好朋友不辞而别了。

比翼齐飞，为爱私奔

一向自视甚高的卓文君，在一瞬间爱上了这个俊逸清朗、抚琴高歌的少年。但他们的爱情，却受到了卓王孙的强烈阻挠。一个穷小子也想娶我家千金？门都没有！

卓文君听说爹爹不允婚事，内心十分惆怅，遂于琴前倾诉心声。正弹奏间，只见红玉急急走来交给她一封书信，道："小姐，快拆开看看，这是司马相公书僮琴心刚送来的，叫我立即交给小姐。"

文君闻言，忙拆开细看起来。原来，这是相如那首琴歌，相如在"中夜相从知者谁？双翼俱起翻高飞"两句下面圈了又圈，点了又点。这不十分明白吗？这是叫她今夜一起私奔，远走高飞的意思呀，怎么办？文君虽然向往幸福，非常愿意与相如结为夫妻，但希望的是父亲答应婚事，相如明媒正娶。哪知爹爹顽固，连王县令来说媒都不应允。要爹爹答应婚事，看来是没指望了。然而，要自己就这样放弃司马相如，文君又一千个、一万个不愿意。她知道，放弃相如就等于放弃了自己今生的幸福，那自己活着就等于死了。到底怎么办？文君久久沉思不语。红玉急了，道："小姐，司马相公说了些什么啊，琴心还在园外等着回话呢。"文君悠悠道："你叫他先回去吧。"琴心没得到回信，快快地回到都亭。

相如叫琴心送信之时，就在都亭收拾停当，备好马车等着了。他很担心文君不来，在都亭外焦躁不安地等待着，见琴心没精打采地回来，心知事情无果。急问："琴心，怎么样啊？""小姐只叫我先回来。"琴心低低地说。"没有别的话？"相如急切道，琴心直摇头。相如呆若木鸡，低吟道："中夜相从知者谁？……"吟着吟着，相如不知哪来的勇气，对琴心道："不行，我要亲自到卓府一趟，我要弄明白文君的心意。"说罢，不顾琴心的劝阻，大步往卓家的方向走去。他刚走到半途，就见卓文君主仆朝都亭奔来。相如见到文君，既吃惊又欣喜，只说出"文君"二字就再也说不出话了。文君接道："公子……我们走吧。"三人一同前往都亭。

原来，卓文君自己心中早已经拿定了主意，琴心离开后，她细细想了想自己的生活。千金易得，知音难求！卓文君看不惯父亲的商人行为。想着想着，那种追求幸福生活的欲望越来越强烈，红玉也在一旁敲着边鼓。文君想，是啊，愿得一心人，今生永不离。于是，下定决心随相如天涯海角。想明白后，文君叫红玉简单地收拾了一下行李就奔都亭来了。待文君一行坐上马车，相如即命琴心赶快启程。琴心一甩马鞭，马儿如飞般直奔相如老家……从而完成了两人生命中最辉煌的事件。

从此与君双栖双飞，何必在意世俗间的蜚短流长！

这可能是中国爱情故事里，最勇敢、动人的私奔了。“雪夜私奔”，不是卓文君率性、任性，而是她有自信，相信自己的眼光，为自己的选择负责。

对这件事情，卓王孙当然是盛怒难消，认为司马相如勾引良家妇女，简直不是东西，而自己宝贝女儿也太不争气，雪夜私奔，败坏门风，使他丢尽脸面；更主要的是司马相如还是一个穷光蛋。真真气煞老夫也！

但木已成舟，卓王孙也只有干瞪眼的份了。

相如驾着车一路向东走，相如兴奋地对卓文君说道：“我真不敢相信这一切，这都是真的吗?”卓文君笑道：“傻瓜，难道你还不相信吗?可是，我们该到哪里去呢?”相如道：“是啊，我们必须到一个你爹找不到的地方。这一切像是在做梦一样。可我们还没成婚，岂不是委屈了你。他日我一定补给你一个风风光光的仪式。”卓文君道：“既然我跟了你，这都是我自己选的，我毫无怨言。只要能和你在一起，叫我做什么我都愿意。”相如握住卓文君的手道：“文君，你放心吧，我一定会让你快乐地渡过此生。我会给你幸福的。既然我们已经往东走了，不如到我的家乡蜀郡去吧。起码我还算熟悉那里，否则人生地不熟的，很不容易的。”卓文君道：“你的家乡？那应当是一个不错的地方，常言道：人杰地灵。你这么有才华，那地方一定是个山清水秀的好地方。听你的，我们就去那儿。”相如道：“亏的王吉给我们准备好这么多钱。要不然我们只能讨饭了。”卓文君道：“这次咱们还真得谢谢王大人，要不是他我们又怎么可能再见。”相如道：“是啊，这次真多亏了他。真是患难见真情啊。”二人又继续直奔蜀郡而去。

第三章

释前嫌，风风雨雨不离弃

司马相如在事业上略显锋芒，终于被举荐做官后，竟然产生了弃妻纳妾之意。卓文君用心经营着自己的爱情和婚姻，终于苦尽甘来。他们之间最终没有背弃最初的爱恋和最后的坚守。这也使得他们的故事千转百回，成为世俗之上的爱情佳话。

相濡以沫，贫贱夫妻

当卓文君随着司马相如雪夜私奔，风尘仆仆赶到蜀郡时，司马相如家中的境况，也许是她未曾预料到的。走进屋子，除了看到四面墙壁外，根本没有任何东西。

司马相如当时一定是非常羞愧的，作为男人，不能给自己心爱的女人提供一个好一点的生活条件，无论如何都有些说不过去。纵有海誓山盟在，但生活毕竟是现实的。

好在卓文君并非那种贪慕虚荣的女子，否则也不会跟司马相如这种不名一文的人私奔了。经过短暂的惊愕之后，卓文君很坦然地接受了这个现实。

于是，一代才女卓文君，就这样从富家千金，一变成为贫家主妇。但她无怨无悔，因为她有崇高的爱情。只要两情相悦，粗茶淡饭也是香甜的。

有妻若此，司马相如夫复何求？及至他后来飞黄腾达，几次准备另寻新欢时，是否想到昔日的景况呢？若没有那首《白头吟》，恐怕他真要成为一名负心汉了。

在当时的情况下，他们夫妻的生活当然十分艰苦。即便如此，司马相如依旧豪情不减地典衣沽酒，今朝有酒今朝醉；卓文君也荆钗布裙，充满憧憬地享受起了新生活。

明媚的清晨，他们携手山间，斟两杯水酒，相视而笑。骄阳艳艳的午后，他们在婆娑的树影下共同抚上一曲相思弦，歌一曲恩爱词。到了黄昏，他们对着斜阳落晖把酒东篱，琴瑟合鸣。夜晚，他们一起挑灯闲读，一个写诗作赋，一个红袖添香……

可惜这样的生活毕竟不能长久，如坐云端的日子终要落回实地。看完闲池花落，他们迟早也要面对柴米油盐的凡尘俗事。司马相如多年来怀才不遇，本已潦倒不堪，此番多出一个人的负担，一切更是要精打细算，方可勉强度日。眼见家中的积蓄有出无进日见单薄，他们不得不思量起了新的打算。

也不知是卓文君的主意，还是司马相如的，总之他们决定在卓王孙家附近开一间酒店。这个做法对卓王孙来说，虽然有失厚道，但在他们看来却充满了浪漫情调。

主意拿定，司马相如便卖掉车马，和卓文君又回到了临邛，并靠着朋友的帮忙，在琴台路上开了一家酒铺，位置就在卓家对面。

一夜之间，原本冷清的琴台路上，开始飘起浓浓的酒香。

昔日品茶拨弦的卓文君，如今淡妆素抹，亲自当起了掌柜。当垆卖酒，算珠轻拨，她不卑不亢，神态自如，丝毫不怕别人讥笑。为了爱情永驻，司马相如也不抚琴，而是与酒店的伙计一样身着短脚裤，提壶洗碗干杂活，与酒保佣人一起端盘子，忙里忙外地跑堂。

后人有好事者赋了一联，说尽了这段浪漫往事：

君不见豪富王孙，货殖传中添得几行香史；停车弄故迹，问何处美人芳草，空留断井斜阳；天涯知己本难逢；最堪怜，绿绮传情，白头兴怨。

我亦是倦游司马，临邛道上惹来多少闲愁；把酒倚栏杆，叹当年名士风流，消尽茂林秋雨；从古文章憎命达；再休说，长门卖赋，封禅遗书。

卓文君是一个罕见的女人，居然不贪慕虚荣，司马相如也是一个罕见的文人，居然一点都不自卑，一点都不羞愧。这对才子佳人开的小酒店远近闻名，门庭若市。

他们这样做，当然是要给卓王孙看的。

没多久，邻居们都晓得，卓王孙的女儿居然在街上卖酒！卓王孙为了面子，不得已只好送给卓文君一百名仆人和一百两黄金，让他们购买田产、房屋。同时，还厚备嫁妆，正式接纳了这位女婿。

从此之后，这对小夫妻又过上了整天饮酒作赋、鼓琴弹筝的悠闲生活。

相如抚琴，文君夜奔，他们恰好是活泼泼一对新鲜天地里的新鲜人。彼时大汉王朝鼎革肇新，传不数代，正是好日子初开，好像三月桃花苞，粉粉嫩嫩，有无尽的春意在里面。天地间亦是红日朗朗，山河浩荡。盛世人心宽阔，有什么容不下、看不过的？然而，过了这几百年，这样的浪漫故事再不曾有过。不是这人世间再没有第二个卓文君和司马相如，而是在他们的身后，“浪漫”这扇门已经慢慢合拢，久久不曾打开了。

卓文君的做法可谓惊天动地，文君是在司马相如非常落魄失意的情况下，和相如走到一起的。封建旧道德的问题就不用说了，这行为当然是不为世俗和礼教所容的。她作为一个富家女，却没有富家女的金贵娇气，她不嫌弃相如的穷困，为追求高洁的爱情，毅然和相如共同担起生活的风雨，“当垆卖酒”不是哪个富家千金都能拉下面子做出来的。

不久，司马相如便写下了著名的《子虚赋》《上林赋》，才华四溢，孝景帝惊为天人，拜司马相如为郎官，后来又再拜为中郎将。司马相如衣锦荣归，着实让岳父卓王孙风光了一把。他不得不佩服女儿眼光独到，为自己挑了个好夫婿。

而此时的卓文君，依然波澜不惊，冷静地看着自己身边的变化。

父亲原谅了他们，又分家财奴仆给他们，好日子倏然而至，他的雄心和气运也来了。

才华惹人妒，声名鹊起

汉武帝读到司马相如的《子虚赋》，被赋中华美的文辞与磅礴的气势所吸引，便马上派人召司马相如来京。司马相如因此得到皇上的赏识，被封为郎（帝王的侍从官）。相如担任郎官的数年间，卓文君一心伴随着夫君。

卓文君与司马相如的卓家酒肆开业以后，生意也算不错，日子过得忙忙碌碌、快快乐乐，他们像是一对神仙伴侣。就这样过了一个月。

一日，他们像往常一样忙碌着。店中来了一个衣着华贵的神秘男子，在角落里要了酒菜，一个人喝着。相如送酒过去之时男子便对相如道："兄台，有没有兴趣喝上一杯，反正只是我一个人喝着也闷得慌。"来者是客，相如也不好拒绝，索性陪他坐下。

男子问道："我看兄台气质不凡，绝非满身铜臭的地道商人吧？"司马相如道："实不相瞒，在下与贱内因些事故隐居此地，做生意只是为了生计，并非全为财利。”男子道：“怪不得。兄台既有才华为何不投身仕途报效国家呢?”司马相如苦笑道：“无路可报啊。再说官场黑暗，我可不愿蹚那浑水，能和心爱的女人在一起我已知足了。”男子笑道：“兄台此言差矣，当今圣上难道也是昏庸之君吗?”相如笑道：“不不不，在下绝非诋毁皇上，只是皇上高高在上，又怎能看见平民百姓的苦呢?”男子道：“敢问兄台，你有何高论还请赐教。”相如摆手道：“在下只是一介山野草民，又有何高谈阔论呢。只是在下觉得皇上应当向那些巨商富贾们征收税务，再减轻一些农民的徭役。年头好了还算罢了，一旦遇上个天灾什么的，那些农人便要去讨饭了。并且应当统一钱币，因为钱币的不同，百姓的纠纷还少吗?”

男子点头思索道：“兄台所言极是。真是听君一席话，胜读十年书啊。”司马相如道：“兄台言重了。”男子道：“敢问兄台尊姓大名。”司马相如道：“不敢当，在下复姓司马，名相如，字长卿。”男子惊道：“原来兄台就是司马相如，久仰久仰。”司马相如问道：“怎么？兄台认得我?”男子道：“虽不识得人，可却识得著作。司马先生的《子虚赋》真乃神作也!”相如笑道：“过奖了，在下何德何能，敢比神作。”男子正欲开口，只见从酒肆门口进来两个健硕男子，唤道：“皇……黄公子，你让我们好找啊，原来你在这，老夫人让你快快回府。”男子辞别道：“司马兄，今日一番话让我幡然醒悟，咱们后会有期。”男子便带着那两个男子出了店门。相如只当是哪个富家公子罢了，并没放在心上。日子继续平静地过下去。

有一天，一个手持拂尘、锦衣缎帽的宦官身后跟着几个带刀的侍卫，大踏步地走进大堂，宦官问道："你们谁是司马相如？"相如与众人皆是惊奇，不知是福是祸。司马相如应道："正是在下。"宦官宣读道："司马相如接旨，奉天承运，皇帝诏曰：司马相如才华横溢，见高识远，特封蜀郡司马相如为黄门侍郎，加常谏侍大夫，即日进宫面圣，钦此！"

司马相如与众人皆是大惊，不过除卓王孙外皆由转惊为喜，王吉笑道："司马兄，想不到这回你的官比我还大得多啊，还不接旨谢恩？"卓文君也是大喜，相如笑着点点头，说道："谢主隆恩。"便伸出双手将圣旨接下，卓文君和王吉问道："相如，皇上为什么给你加官晋爵？"相如心中也是起疑，他可从没见过皇上，这到底是怎么回事？

卓王孙见到此情此景，哼了一声甩着袖子走了。卓文君叫道："爹，爹。"王吉笑道："算了，随他去吧，过一段时间老爷子就会明白你们的苦心了。"相如抚摸着卓文君的秀发道："是啊，突来的圣旨不知是福是祸啊。"王吉咳嗽了一声，笑道："既然皇上让你即刻进宫，可别误了时辰。"卓文君道："是啊，都说伴君如伴虎，你一定要谨慎才好啊。"相如道："嗯，我会的，那我就动身了，你们要多保重。"转身向王吉道："王兄，卓文君还要拜托你照顾了。"王吉笑道："大人吩咐，下官照办。"相如也笑了。回头看了看卓文君，恋恋不舍地奔赴长安了。

天子薄幸，为得一佳作

突如其来的圣旨让司马相如的心里忐忑不安，一头雾水。这事还得从头说起。

原来，窦太后崇尚“黄老”学说，罢免了支持儒家学说的窦婴的官职，陆续任命了几个亲信当了丞相、御史大夫和郎中令。武帝不愿与他们议事，待在宫里实在无趣，就经常换上便装，外出游玩打猎，有时跑得很远，一连四五天不回来。后来，他觉得跑得太远，不仅危险，也实在辛苦，就命光禄大夫吾丘寿王建造大型苑囿上林苑。年轻的武帝便把大部分时间消磨在上林苑中。

汉武帝雅好文学，喜欢辞赋，东方朔、吾丘寿王等著名的文人，便经常陪伴在他的身旁，吟诗作赋，倒也十分快活。

一天，汉武帝读到司马相如的《子虚赋》，被赋中华美的文辞与磅礴的气势所吸引，不由拍手叫好。他一口气读完《子虚赋》，以为作者是前朝人，便连声叹息说："写这篇赋的人，真是个才子，可惜我没有和这个人生活在同一个时代。"

这时，在汉武帝身边服侍的狗监（替汉武帝管理猎狗的人）杨得意谄笑着说："陛下，写这篇赋的人小臣知道，他是小臣的同乡司马相如，现在成都闲居。"

汉武帝听了又惊又喜，问道："你说的可是真实情况吗？"杨得意回答说："是的，司马相如曾经对我说过，是他写的《子虚赋》。"

"太好了！这么一个有才华的人，竟没有人对我说过。"汉武帝有点惋惜地说，于是，他马上派人召司马相如来京。

接过圣旨后，相如便跟着张公公一干人等马不停蹄的赶往京城。

三日后，司马相如来到长安城。

经过三天的路程，终于在这天正午赶到了长安。街上行人接踵而来，叫卖商贩吆喝不尽，大路两边店铺林立、好不繁华，相如看到此情此景，不禁感叹："盛极之市是京都，京城果然是京城啊，岂是蜀郡临邛可比。"张公公蔑视道："我说，等会儿到了帝宫，你可千万不要大惊小怪，要懂规矩。"

相如心中暗笑：你这宦官，真把我当成一个山野村夫。索性不再理喻他。走过了两条大街，一座气派的宫殿迎面矗立。金砖玉瓦好不宏伟。司马相如跟着张公公进了大门，只见两旁深墙林立，每隔五步便有一个身着盔甲、手执钢枪的卫士守着，异常森严。也难怪，这里面住的可是天下最金贵的人。

正当相如思索之时，只听张公公停住脚步指着一间不算太大可也不乏气势的宫堂说道："嗯，就是这了，这是皇上的书房，皇上就在里面，可不要乱说话，可是要杀头的。"相如微微应了一声，走进门。只见一人身穿龙袍，手拿竹简，面向屏风而站。相如屈膝跪倒作揖道："微臣司马相如叩见皇上。"只听皇上转过身来，将竹简放在案上，笑道："快快起身，司马兄别来无恙啊！"相如听着声音很是耳熟，抬头一看不禁失声叫道："啊，黄公子，哦不，应该是皇上才对。"皇上道："哎，这里只有你我二人，你还是叫我刘兄吧，快坐。"相如应道："是，黄……刘兄。"皇上笑道："司马兄是胸中有不解，为何我要为你加官晋爵吧。"相如道："是，草民何德何能，能蒙刘兄亲自提拔。"皇上道："司马兄过谦了，其实自从那日在酒肆之中我听过你的高见之后就觉得你是一个不可多得的人才，所以我让人领了圣旨召你进宫。因为你尚未有何建树，突加高禄唯恐众人不服，所以你可不要嫌这位低啊。"相如道："刘兄言重了，相如能得刘兄抬爱让我走进仕途，我已感恩戴德，又怎会挑三拣四。"皇上笑道："那就好，等会我要为司马兄摆上一席接风洗尘。"相如推辞道："那怎么能行，你是君我是臣，岂有君为臣摆宴之理。"皇上道："那我就算是赐你的，这回可别再推辞了。"相如心道："虽说皇上让我称他刘兄，可他毕竟是一国之君，而我只是个草民，事事还需谨慎才行啊。"相如便应道："那恭敬不如从命了，谢刘兄好意。"二人相视而笑。

世事难料，人生无常

皇上坐于殿中，司马相如侧向坐。桌上布满各类酒菜蔬果，殿的中央一群美姬伴着音乐翩翩起舞，好一派歌舞升平。皇上看得快活时，便拍手称赞，笑道："好，嗯，好。"突然皇上话锋一转，对相如说："司马兄看这歌姬如何？"相如应到："确是人间少有。"皇上笑道："那我把她们赐予你如何？"相如大惊道："刘兄，这可万万使不得，其实我……我已有妻子只是……只是……"皇上道："哦？司马兄有何难言之隐？"相如便把他与卓文君之事娓娓道来。皇上听了大怒，拍案而起，道："哼，有这种事！谁说寡妇不能再嫁？朕就要开这个先例，从今以后朕要废了这个规矩。司马爱卿，朕即刻下旨赐你与卓文君早成婚事。朕看，谁敢阻拦。"便命总管拿了圣旨与司马相如回临邛完婚，并赐锦缎百匹，黄金千两。司马相如大喜谢恩。

即日启程，相如便和张公公从长安再次回到了临邛，不过这次可以说是衣锦还乡，果真是春风得意马蹄疾，一日看尽长安花啊！相如心想："想不到，这才几日之间，从小伙计差点变成阶下囚，又从阶下囚变成了黄门侍郎，真是世事难料啊！不知以后还会有什么事发生呢？"

三日后，司马相如来到临邛大街。

"那边好热闹啊，咱们去看看。"

"怎么回事啊，这不是卓家酒肆的伙计吗？"

"你没听说吗？人家已经是皇上钦点的官儿了。"

"是吗？真是八辈子修来的福气啊。"

"谁说不是呢？听说皇上亲自赐婚，还设下律法说是从今以后寡妇也可再嫁了。卓家这回可发达了！"

大街之上，人们议论纷纷。司马相如满心欢喜，真想立刻就赶到卓家。只见迎面一人骑着高头大马，身边跟着几个衙役，不是别人，正是临邛县令王吉，王吉下马笑道："司马大人，下官候您多时了。"相如亦下马道："哈哈哈，王兄见笑了，走吧，卓文君怎么没来？"王吉笑道："皇上给你赐婚的事我们已经知道了，卓文君在家等着你呢，咱们一起去。"二人上马，直奔卓家。

不一会相如二人已到卓家门前，相如下马叫道："文君！文君！我回来了！"卓文君从内堂出来，见到相如回来，喜不自胜。相如将卓文君抱住。笑道："我曾经许下诺言，说要还你一个像模像样的婚礼，我绝不会食言的，这次来我就要正式娶你过门。"卓文君含笑将头靠着相如的怀抱。只见卓王孙一脸怨气地从内堂走出来，瞪着二人。只听张公公宣旨道："卓王孙、卓文君上前听旨。"卓文君和卓王孙便跪下听旨，张公公宣道："奉天承运，皇帝诏曰：特命司马相如与卓文君即日成婚，赏赐锦缎百匹，黄金千两。不得有误，钦此！"二人起身领旨。卓王孙深叹一声走进内堂。卓文君叫道："爹，爹！"王吉笑道："我去劝劝他。"

王吉在后院见到了卓王孙，卓王孙看着远处，问道："难道我真的太迂腐了吗？"王吉笑道："老爷子，既然皇上已经下令，你还是看开点的好。难道你就眼睁睁地看着卓文君郁郁地过着下半辈子？相如是个好人。"卓王孙叹道："我知道相如是个好人，可是寡妇再嫁，这可是名节问题啊，我怕卓文君会因此背上骂名，而我卓家可就颜面扫地了。"王吉道："皇上已经诏告天下，从今以后再不会有人以卓文君的改嫁而说三道四了，你大可放心。"卓王孙道："但愿如此了。既然事情已经这样，我还能干什么呢？"王吉笑道："哈哈，老爷子随缘吧。走吧，别让他们担心了。"二人走出内堂。

相如向卓王孙道："卓老爷，我和卓文君——"卓王孙咳了一声道："我可就这么一个女儿，你可要好好待她，知道吗？"相如疑道："卓老爷，您——"王吉笑骂道："傻子，还不快叫岳父。"相如先惊后喜，作揖道："谢岳父大人成全！"卓王孙挥手道："哎，等成亲以后才能叫，今晚我就给你们办婚事。"相如看看卓文君道："谢卓老爷成全。"相如将卓文君紧紧拥入怀中。

夜晚，卓府张灯结彩，灯火通明，热闹非凡。

客人也是很多，一是卓王孙广交颇多，其二便因为县令亲自到场谁能不给面子。

相如虽不喜热闹，可是这回却不一样了，因为这回是他自己的热闹，他开心得合不拢嘴，正忙招呼着客人。可就在他转头之时，发现一个气度不凡的男子正摇着扇子笑眯眯地看着他。相如失声惊叫："皇——"只见那人突然做了个噤声的手势，相如慌忙转口道："刘兄!"原来是皇上亲自驾临。相如引着皇上来到后院，正欲行礼，却被皇上制止，道："司马卿家，不必多礼，我微服出巡就是不想让别人认出，你还是叫我刘兄吧，要是让人知道我的身份那可就不好玩了。"相如问道："嗯，刘兄日理万机，来我这穷乡僻壤作什么？"皇上笑道："今日司马兄大喜之日，我又怎可不来凑凑热闹？我在宫里头呆得厌了，出来透透气，所以便服行装，只带了两个侍卫。恭喜恭喜啊！来得匆忙没准备贺礼，司马兄不要见怪啊。"相如笑道："刘兄这是哪的话，你能来我已是天大的荣幸，再说谁有你的贺礼多？黄金千两岂是他人可赐？"二人相视大笑。皇上道："行了，你不要陪我了，今天可是你的大喜之日，不要让客人们等急了。"相如笑道："那刘兄，你请便。"皇上拉住相如道："等等，千万不要暴露了我的身份。我要多玩几天。"相如满口答应，退出院子。相如心道："真是吓我一跳，司马相如啊，司马相如。你的面子可真够大额，连皇上都来给你贺喜。"

"客齐，开礼。"随着司仪的一声落下，卓文君风冠霞帔，头上蒙着大红盖头被丫鬟从内堂带出。一对新人立在大堂中央，周围尽是来贺喜的宾客，高堂之上卓王孙面含笑意地端坐着。

“一拜天地！”

“二拜高堂！”

“夫妻——”

“不能拜！”只听在行最后一礼之时，被一声高喝打断，众人惊诧地向来声看去，只见一个风度翩翩、留着两撇小胡子的男子摇着扇子从人群中走来。男子笑道：“素闻司马相如文采斐然，小弟有个不情之请，不知可否答应？”王吉怒道：“你是什么人？敢来这里捣乱，快点出去，不然本官将你依法处置！”相如笑着制止道：“哎，今天是大喜的日子，来者都是客，就依他。”男子笑道：“哈哈，司马相如果然爽快，听说你擅长作赋，我的请求是——就以今日之景，立即做出一篇赋来。如何？”相如笑道：“我当是何要求？原来只是如此，这有何难。各位亲友，相如献丑了。”相如命人拿出古琴，以为伴奏。

“宾客欢兮，灯彩结。街中闹兮，会者乐。垂髫兮兮，亲友喜。高堂乐兮，新人拜。红衣对兮，司仪叫。赤纱帽兮，凤霞配。红头盖兮，金云绣。交拜俗兮，赋者圣。有琴伴兮，音乐律。有龙盘梁兮，众不耸。受宠惊兮，喜不胜。相看对人兮，梦呓破。执子之手兮，夫复何求？”琴声戛然而止，堂下众人一片喝彩。小胡子笑道：“司马相如果然名不虚传，在下佩服佩服。看来我姐没有看错人。”众人皆惊异，只见那小胡子竟是一个容貌秀丽的姑娘。卓文君掀开盖头，失声叫道；“雅芝！”雅芝拉住卓文君的手笑道：“表姐，今天是你大喜的日子，我又怎能不来呢？刚才小妹失礼了，姐夫你可别生气啊。”相如笑道：“哪的话，都是一家人。你就是雅芝吧，你姐常跟我提起你。”忽然，只听一声低喝道：“雅芝，今天这大喜日子全让你给搅和了，还不快退下。”雅芝低头道：“哦，知道了，舅舅。”雅芝便退入人群之中，这场闹剧便以这样的结局收场，仪式继续进行。

“送入洞房。”

卓文君和相如便被众人推搡着送进早已布置好的新房中。等众人皆散尽后，相如将房门关上，将卓文君的盖头轻轻掀开，看到了一张美丽的脸，相如不禁看呆了。卓文君害羞地低声道：“怎么？这么些日子还没看够吗？”相如道：“你真美，我就是看一辈子也看不厌。”卓文君笑骂道：“油腔滑调。”相如笑道：“我曾答应你，要给你一个像样的仪式，今天你还满意吗？”卓文君道：“其实就算不办什么，我也不会后悔，谁让我选择了你？”相如拉住卓文君的手道：“卓文君，我司马相如在此发誓，我会爱你一生一世，天地可鉴。如有违背，就让我天打雷——”卓文君连忙捂住相如的嘴道：“哎，别说了，我都知道。”相如将卓文君紧紧拥入怀中。

伴随着一声清脆的鸡叫声，太阳从云层中慢慢探出了头。云霞被映射成金紫色，一缕缕的阳光从云隙中迸射而出，普照在大地之上。

司马相如和卓文君早已起床，他们一起合计了一下，决定让卓文君先暂住在娘家，等到司马相如在京城稳定了以后，再把卓文君接到长安。相如走出卓府，呼吸了几口空气，正欲迈步，只见三个人影向这里缓缓走来。相如定睛一看，不是别人，正是皇上和他的侍卫。相如便快步迎上，没等相如开口，皇上便笑道："哈哈，司马相如昨夜还好吗?"相如笑道："刘兄说笑了，不知刘兄这一大清早赶来所为何事?"皇上道："都说蜀地多怪山怪景，我这次就是来赏一赏这怪景的。"相如笑道："刘兄，国事为重啊。"皇上轻声道："实不相瞒，我这次就是背着母后偷偷溜出来的，每天面对着那如山的奏折，你不是皇帝自然不知道我的难处。带我快快活活玩两天，等玩够了我自然会回去的。"相如心道："皇上既然有意，我也不好违背。大不了就陪他在临邛这四周玩两天，到时皇上自然会回去的。好，就这么办。"随后，他笑道："好，那我就做一回东道主，带刘兄你游览一番这蜀地之景。要说这临邛美景，自然要数天台山了。"相如顺手指向西南的一座大山。皇上顺着相如的手指方向看去，那是一座绿油油的大山，深入云端高不可攀。

那就是临邛第一山——天台山。

然而，在皇宫之中发生着其他的事情。

"禀告太后，宫中各殿都找遍了，就是没有皇上的踪迹!"

"禀告太后，后宫各妃也说没有皇上的踪影。"

一群侍卫跪在地上复命，高座之上一个满头冠饰、衣着华贵的中年妇人坐在座上。听了侍卫的汇报，太后右手猛地一拍座边，起身喝道："一群废物，再找，我就不信几百双眼睛找不见一个皇上。这个皇帝也太意气用事了，竟敢连招呼也不打一声就消失得无影无踪，真是要气死哀家!"只见殿中一个青年男子上前拱手道："太后息怒，皇上大概呆得厌了，所以才会出去走走，不久就会回来的，太后不要过于忧虑。皇上已经是长大了，我相信他会以大局为重的。”太后坐下，用手扶住额头叹道：“唉，但愿如此吧。卫青啊，你也去找找皇上吧。”卫青道：“微臣领命，告退。”迈步走出殿门。

太后挥挥手道：“你们都下去吧，哀家要一个人静一静。”宫女太监便领命退下。

卫青正在宫中走着，只听有人喊他，转头看去，一个妃子模样的貌美女子已到跟前。女子道：“怎么样，皇上还没有消息吗？”卫青答道：“嗯，已经让所有大内侍卫去找了。姐，你别担心了，我会再去找找的。早些时候听皇上总是感叹蜀地景观。恐怕他去了蜀郡也不好说。我准备明天带着去病去一趟蜀地。”女子道：“好，那你小心点。”

与皇上同游天台山

天台山的鸟儿一阵阵地飞起，山中有四个人影。近看时，正是司马相如四人。

司马相如带着皇上游历着天台山的草木虫鱼，君臣之礼早已不见。有的只是朋友的快乐和知己的心交。相如心道："皇上毕竟也是人，是人的话，又有谁不爱这山这景。"皇上躺在草地上问道："司马兄，今日既然有此良辰美景，不如就吟赋一首，如何？"相如答道："既然刘兄有此雅兴，相如也不推辞了。"说着便抚琴倚和、吟唱起来。

皇上便沉浸在这美景、美音之中。

就当他们二人尽情享受这大好河山之时，有一个人影在树丛中晃了一下，转瞬间便消失不见了，这自然没有让玩在兴头上的相如几人发觉。只见夕阳在慢慢落下，相如看天色渐暗，便道："刘兄，玩得还尽兴吗？"皇上道："啊？还早着呢，没想到这宫外还真好玩，看来在皇宫里憋得久了真是一件苦事。"相如道："夕阳无限好，只是近黄昏。今天天色已晚，不如就在舍下住下，明天咱们登上天台山顶，山顶之上有个寺庙，就是天台寺了。咱们到寺里看看，怎么样？”皇上眯着眼睛笑道：“好，明天朕就要登上这天台之顶，一览众山小。”几人便动身下山。

淮南王府，一间小小的密室中，正在策划一个惊天事件！

“主公，属下已经探到司马相如带着皇上一直在游玩。明天他们就要去天台寺了，咱们是不是……”一个锦衣青年也说道：“是啊，时机不可错过。父王，好不容易等到小皇帝出宫，咱们的霸业也要成功了！”只见中央那个中年人沉吟道：“嗯，天助我也。迁儿，你就和黑三带上人马埋伏在天台寺中。等待时机成熟就动手。到时候我会攻入长安。我就是长安的主人了！”青年和黑衣人都狞笑道：“皇上万岁万岁万万岁！”三人相视大笑。

皇上与相如在山中不知不觉已是残阳将落，几人合计这天台山路途甚是崎岖，况且如今天色已晚，即使是白天也要小心，晚上自然更加难过。正好在山顶之上有一座寺庙名为天台寺，不如到寺里借宿一宿，明日一早再下山。几人便迈着步子向着山顶进发，血色一般的残阳映射在四人脸上，长长的影子被拉得老长，在草丛深处一个人影动了一下，瞬间便以更快的速度赶在他们前面上山。不知不觉间，似乎危险已然靠近。

卫青与霍去病舅甥二人，简装打扮，一路南下入蜀，为的就是寻找皇上，国不可一日无君，而且此事也不可让外人知道，不然后果不堪设想，毕竟皇上年纪尚轻，难保一些亲王不会打着摄政的名义谋篡皇位，一定要尽快才行啊！二人任重而道远，不敢多做停留，只是沿途悄悄打听，快马加鞭，风餐露宿，不过几日工夫便到了蜀郡。

在一间不大不小的茶楼前，卫青让去病下马牵缰迈步进去。自古以来，茶馆酒楼是消息最为流通的地方，毕竟在这里的人三教九流来自五湖四海，他们总能知道一些别人不知道的东西。这对于江湖经验丰富的卫青也是必定晓得。正当二人刚进门时，一个伙计模样的人便迎了上来。

“客官想点些什么，本店有新进的云海普洱、龙井，都是开年的新货。”伙计热脸笑道。

“给我上一壶花茶。”卫青随口道。

听到卫青点了一壶便宜的花茶，伙计的脸顿时拉得老长，嘟囔道：“又是一个穷鬼。”在看到霍去病的怒目后，不由得心生怕意，悻悻地离去了。

霍去病轻声问道：“舅舅，你说皇上能在这吗?”

卫青答道：“不好说，以皇上的性子，他最多带上一两个随从，不过一旦遇到危险，可就麻烦了。太后已经封锁了消息，我们一定要尽快才好啊，这蜀地唯有这蜀郡最为繁华，皇上应该会来这。”

霍去病道：“我听说和皇上交好的司马大人，就在此地吧。”

卫青沉思道：“嗯，我怎么就没想到？皇上一定会去找他的。”

说完便掷下一枚大钱，叫上霍去病道：“走，咱们这就去那位司马大人的府上看看。”

二人打听到相如的住处后，一路赶去。

就在此时，天色已是完全暗了下来。相如和皇上已经赶到了天台寺门口。这天台寺并不算多宏伟，许是因为山高水恶，所以香客也很少。到天黑时更是不见一人。只见寺门打开，寺内灯火辉煌。四人一直进了大殿，只见一个中年和尚迎了上来，问道：“四位施主，本寺已经掩门，若是要拜佛烧香还请明日早来。”

相如笑着双手合十作揖道：“大师，我们几人因为贪恋这天台山的美景，所以误了时辰。此时下山必定危险重重，所以还请大师让我们四人能留宿贵寺一宿。不知大师意下如何?”

中年和尚犹豫一会道：“嗯，出家人以慈悲为怀，那几位施主就在我们的厢房暂歇一宿吧。”

相如笑道：“那再好不过了，多谢大师!”回头笑看着皇上。

和尚便唤了一个小沙弥，将相如几人带到了东边的厢房中。

相如与皇上等人便在厢房中住了下来。

转而皇上对相如道：“相如，你不觉得这件事有些蹊跷吗?”

相如笑道：“蹊跷?皇上此话怎讲?”

皇上便轻声分析道：“你看，第一，按说天色这么晚了，这间寺庙的香客又极少，他又为何要敞开大门呢?其二，我看那个和尚不像是真的和尚，他的头发好像是刚剃的，而且还有剃刀的伤疤，而且他的举止、行动和言语都不像一个真正在寺庙生活的僧人，倒像是一个久经沙场的军人。其三，这间寺庙好像没什么僧人，你不觉得奇怪吗？”

相如想想点头道：“对啊，皇上如此说来，我倒也发现有些不对劲。咱们还是小心为妙才是。”

于是便让那两个侍卫严守着，不可放松警惕。

正当二人商讨之时，忽然一阵白烟飘了进来，两个侍卫应声倒地。相如与皇上大叫不好，只是手脚松软一下子就没了意识。

迷糊之间一群人手执刀剑与火把踹门而入，领头人正是那个和尚！

卓文君出门相迎，只见两个陌生人立在门外，不知何事便问道：“两位有什么事吗？”

卫青拱手问道：“请问夫人，司马大人可在家中？”

卓文君回道：“哦，你想找相如啊。他昨天一大早就出去了，说是要陪一个重要的客人，一夜未归，我也很着急。”

卫青与霍去病相视道：“重要客人？一定是皇上了。”

便骑上了马，拉上马缰对卓文君道：“司马夫人莫急，我二人此行便是寻找那位客人，如今看来他们二人一定在一块了。不知此地有何景地？”

卓文君道：“要说景地，那就应该是那边的天台山了。”说着顺手指向天台山的方向。

卫青二人上马拉僵，拱手道：“此事事关重大，请夫人严守秘密，我们还有事要办，告辞了。”说完便奔向了天台山。

卓文君也被这前前后后的事情搞糊涂了，什么重要客人？又有多大的秘密要严守？她只能默默为相如祈福，希望丈夫能安然无恙吧。

“快醒醒！”哗——一盆冷水泼下。

相如与皇上二人缓缓地张开眼睛，环顾着四周。这是一间寺庙的柴房，看来他们还没有出这天台寺。

只见一群黑衣蒙面之人立在屋中，中间一人锦衣华袍歪坐在太师椅上。此人正是淮南王的长子刘迁。

皇上与相如想要挣脱绑绳，可是都是徒劳。皇上骂道：“刘迁，你想要造反吗？快给朕松绑！你们绑了朕到底有何企图？”

刘迁狞笑道：“哥哥，你真是傻！当然是要谋反了！”

相如冷道：“这是你父亲淮南王刘安的主意吧。谅你有千万个胆也不敢干这事。”

刘迁躬下身子笑道：“司马大人，我父亲很钦佩有文采的人，特别是你的赋，写得真好啊，父亲总是感慨啊。”转而话锋一转，“只要你答应在我父亲帐下做事，父亲会给你更多的荣华富贵的，到时候做个丞相也说不定啊。”

相如啐了一口道：“呸，为人臣子篡君称王，这是千古第一大罪！我就是死也不做这等狗贼！”

刘迁指着相如骂道：“你这蛮子，好不识抬举。殊不知皇帝轮流做，如今这皇帝昏庸，只知出宫游山玩水，而我父亲励精图治，辖下歌舞升平，百姓安居乐业，而且他也是皇室正统，你说不是他做还能有谁？哈哈哈，到时候我就是太子，再过些时候我就是皇上了！”

皇上闭眼苦笑道：“难道朕真的不是一个好君主吗？就连朕的亲皇叔也要反我？”

相如道：“皇上切莫妄自菲薄，您能自查自醒，寄心于社稷百姓，只是还未见明显成效而已。”

刘迁不耐烦地道：“好了，咱们也别废话。实话告诉你们，我父亲已经召集荆州军南下围了长安，到时候长安城一旦攻下，太后又成了人质，你就退位吧。”

皇上怒道：“反贼，真就是拼了这条命也不会让你们的诡计得逞的！”

刘迁怒道：“哼！我看你是不见棺材不落泪。来人，将他们绑结实点，再把嘴封上装进箱子里，咱们这就和父亲会合。”便来了两个大汉将相如与皇上二人装进了一个大木箱中，抬上了车上。

刘迁安排道：“都换换行头，别让人看出来咱们不是商人。”

一行人便下了天台山，见天色已晚，便在城东的福林客栈之中歇了下来。

“有人吗？”卫青推开寺门问道。

只见一座空空的天台寺，一个人也没有。

卫青沉吟道：“没道理啊，这莫大的一间寺庙怎么一个人也没有？不知皇上他们来过没有？”

“舅舅快来，看看这个！”去病喊道。

卫青赶到后院柴房，去病将一枚玉佩递给他。

卫青惊道："这不是皇上的龙纹佩吗？怎么会在这里？糟糕！难道出事了？"

便唤上去病道："走！看来有人想要谋害皇上！他们应该没有出城。咱们快去寻找！"

二人便奔下了天台山，在临邛城中寻找。找了一日毫无线索，只见日头已经下了山。二人便索性找了一个客栈先住上一晚，明日再作打算。

入夜，卫青翻来覆去睡不着觉，皇上不见了，这可是天下第一等的大事，他又如何睡得着呢？索性起身到后院之中。月光下，院子被洒下一片苍茫。只见一个黑黑的箱子就在院西边的马厩旁，卫青也没多在意。来到了马厩中，这匹马跟了他好多年了，每次有烦心事他就喜欢对它说，这匹马就像是他的知心朋友一般。今夜也不例外。

卫青坐在这口箱子旁，用手抚摸着马儿的鬃毛。缓缓道："老朋友啊，老朋友！咱们的皇上不见了，我到处都找遍了，可都没有半点影子。你说怎么办啊？"

马儿摇摇头，打了个响鼻就当是回应。

卫青道："什么？你让我放心，可是我怎么安心啊？我怕皇上为奸人所害啊！唉！"

箱子中的皇上惊了一下，他听得出这不就是卫青的声音吗？只是他与相如的嘴都被封住了，喊不出声来。他们便疯狂地晃动着身子撞击箱子。

看见箱子不停地摇晃，卫青吓了一跳，到底怎么回事？难道箱子中有人不成？卫青便小心翼翼地打开箱子，里面的人让他惊了一跳，原来箱子里面就是皇上！

卫青慌忙给二人松绑，没等二人开口。只听一人醉醺醺地喊道："啊！快来人啊！有人要逃走！"房间中霎时间冲出十几个大汉。卫青抽出刀说："此地不宜久留，咱们快走！"此时去病也被惊起。看到这一幕也惊呆了，赶忙上去帮忙。二人不愧是高手，以二人之力力战十几个人还未落下风。

只听卫青道："不要恋战，去病，你去保护皇上，咱们走到城外会合。"

两人各护一人骑上马狂奔出城。刘迁气急败坏地骂道："废物！还不快追！追啊！"

四人两马一直骑出数十里看到没有人追上来方才停下歇歇。

卫青与去病跪下道："皇上！"

皇上将二人扶起道："快快起身，今日如非你二人，恐怕我和相如就得命系他人了。"

卫青道："皇上，你可知道这到底是怎么回事？我看那领头的人好像是淮南王的儿子刘迁？难道——"

皇上道："没错，刘安要造反。他们要让朕写下禅让书。而且他们已经调了大军准备攻下长安。冤孽啊！难道大汉的江山真要断送在朕的手里吗！”

相如道：“皇上，眼下只能调各位亲王来勤王。”

卫青道：“那就让去病快马加鞭通知各路亲王。”

皇上叹道：“眼下只有如此了，去病，这是朕的金牌令箭，见此牌如见朕，你快去吧！”说着便将一块盘龙金牌赐给去病。

去病领牌上马，拱手道：“臣定不辱命！”便化作一阵尘土奔向目的地。

相如道：“只是远水解不了近渴，咱们还要尽快赶回长安城中稳定军心，要在刘安大军到之前赶到。成败就在此一举了！”

皇上道：“事不宜迟，咱们这就出发吧！”三人便向客栈方向赶去。

出宫未归，急坏众人

经过日夜马不停蹄地赶路，三人终于在叛军到来之前赶到了长安城。

长安城，皇宫凤朝殿内，太后十分愤怒。

“废物！废物！已经整整七日了！连皇上的影子都没见到！留你们何用！来人，拉出去砍了！”太后怒喝道。

殿下的侍卫皆求饶道：“太后饶命！太后饶命啊！”

夫人卫子夫上前搀扶着太后安慰道：“太后息怒，别气坏了身子。皇上并未透露任何消息，这天下这么大，也难怪他们找不到。”

太后叹气道：“我被气糊涂了！这个皇帝，也太不像话了！私自出宫也就罢了，也不留个信儿，这不是让我们干着急吗！”

卫子夫道：“我想，皇上在外边玩够了自然会回来的。既然他不告诉咱们，过些日子他便会回来的。”

太后怒道："玩！身为一国之君就知道游山玩水。"

"启禀太后！皇上……皇上他回来了！"

太后惊道："什么？皇上他回来了！"

卫子夫笑道："我就说嘛，皇上他玩够了自然会回来的。"

只见皇上等三人一同进了殿中。

皇上道："孩儿给母后请安！"

太后怒道："混账！你还知道回来！"

皇上笑着搀扶着太后说道："母后消消气，孩儿这不是回来了吗？对了！孩儿此时有大事要说！"便将刘安叛变之事娓娓道出。

太后大惊道："什么？刘安！刘安他要造反！"

卫青道："不仅如此，刘安的荆州大军已经快到长安了。"

太后道："那可如何是好，距离最近的亲王都在千里之外。"

卫青道："臣已让霍去病加急传兵去了，估计在两日后便能等来救兵。"

相如道："咱们还得在长安城中加固防御，能多抵挡一时算一时，就等着援兵赶来了。"

皇上叹道："这次能否注渡过难关就看咱们的造化了！"而后看着淮南方向默默无语。

在淮南军营中，刘安身披铠甲，低头研究着一张地图。忽然帐门大开，一个华袍青年狼狈地跑进来。

"父王，大事不好了！"刘迁大喊道。

“有什么大惊小怪的！看看你这个样子，怎么成大事？我不是让你去劫持皇帝吗？人呢？”刘安呵斥道。

刘迁叹道：“刘彻他跑了，被卫青和霍去病救走的。”

刘安大惊道：“什么？你竟然让他跑了！废物！这可是咱们跟那老婆娘谈判的筹码。算了，看来此次只能用武了。”转而对刘迁道：“迁儿，你去让人通知各军将领，加紧行军，在两日内一定要赶到长安城，这次成功与否，就看两日后的一战了！”

刘迁领命退出帐外。

刘安抽出宝剑，手起剑落，桌子立刻被劈成两段。刘安冷笑道：“顺我者昌，逆我者亡，刘彻啊刘彻！你命该绝，别怪叔叔无情！”

“启禀将军，刘安的大军已经到了城外三十里扎营。”一个哨兵报道。

天色已渐渐黑了下来，长安城中的百姓也已走尽大半，灯火少了许多，再见不到往日的繁华。皇宫中因为刘安大军的压力，死气一片。难保刘安这个暴君不会屠城。

未央宫中灯火尚明。

皇上搂着子夫道：“子夫，等到明日，朕可能就身首异处了。”

子夫捂住皇上的嘴道：“皇上怎能说这样的傻话，皇上吉人自有天相，既为天子，那自是谁也杀不了的。这次一定能挺过来的！”

皇上苦笑道：“朕的江山啊！马上就让别人抢走了。恐怕刘安会对百姓不利。你快连夜逃出城吧，走得越远越好。”

子夫泪流满面地靠在皇上肩上说：“不，臣妾生是皇上的人，死是皇上的鬼，我怎么会扔下你走呢？我要和你在一起！”

皇上紧紧搂着子夫道：“傻瓜，难道咱们真的要在黄泉之下再聚吗？”

忽然子夫干呕了一下，而后又是一阵。皇上忙抚背问道：“怎么了？喊太医来看看吧。”皇上命侍卫喊来太医。

太医为子夫诊断后，喜道：“回禀皇上！卫夫人她有喜了！”

皇上大喜道：“什么！你是说子夫她怀孕了！”便让御医退下。

皇上忙坐到床边，握住子夫的手笑道：“想不到，就在这最危险最愁人的时候，能有如此喜讯。”

子夫微笑着看着皇上。

皇上皱眉道：“不行！无论如何也要让这孩子生下来，今夜你就走吧，我安排人护送你出城。”

子夫哀求道：“皇上！臣妾不走，臣妾要陪在皇上身边。”

皇上不顾子夫哀求，叫来两个贴身侍卫安排道：“你们二人，护送卫夫人出城，拼死也要让她活着！知道吗？”

侍卫应道：“属下定不辱命！以死相送！”

皇上挥手道：“嗯，现在趁着天黑快走吧！”

两人在卫子夫的哀求声中带着她离开了皇宫。

皇上叹道：“子夫，原谅朕的自私吧！”

一轮红红的太阳，从骊山之上爬出，如血一般染红了半个天空。大战一触即发！

军队在快步前进，目的地只有一个——长安！没有半个时辰的工夫，已经到了长安城下。

皇上与卫青、司马相如等人一同站在了城门楼上。皇上沉吟道：“该来的终于来了！”

只见城下转出一队人马，为首的真是那淮南王刘安。刘安朝城上喊话道：“我的好侄儿，今天已经到这个地步了，就乖乖地把玉玺交给我吧！我让你做个长安王衣食无忧，怎么样？”

皇上仰天长笑道：“好一个长安王！你会放心一个以前的皇帝在你身边吗？今天，就算是拼尽全力我也不会乖乖地束手就擒的，玉玺是祖先所传，叫我拱手送人办不到！”说完便拈弓搭箭朝着刘安的方向射了过去，正好射刘安中头盔上的红缨。

刘安吓得面如土色，赶忙勒马回营抽剑号令道：“攻下长安城，重重有赏！”号令初下，三军皆抽刀上马，架梯攻城。大战打得火热！前仆后继，前死后补，源源不断。城上滚石飞矢，城下尸积如山。

皇上等人也抽出宝剑亲自参战。就在皇上一刀砍向一个士兵，背后一个正要挥刀砍他时，那人忽然被人砸倒在地。皇上回头一看，不是别人正是卫子夫！

皇上惊问道：“子夫？你，你不是出城了吗？你怎么又回来了？这太危险了！你快走！”

子夫道：“不！臣妾就是死也不会走的！臣妾要跟皇上同生共死！”

皇上又砍死一名敌人，左手搂住子夫道：“天意啊！”

长安城眼看就要被攻下之时，忽然有人喊道：“快看！”

只见东南方向尘土飞扬，一大队人马朝长安城方向赶来。领头的正是小将霍去病！正是勤王的援军到了！

卫青看到，大喜道：“皇上！是去病！是去病带着援兵赶到了！长安有救了！”

只见那一大队人马刚到来，旋即与刘安的荆州军开战了。战局立刻转了方向。在城里城外的内外夹攻下，终于，刘安的大军被杀得忙喊撤退。

几十人护着刘安向远处逃去，霍去病看见刘安想跑。一人独身去追，如入无人之境，立刻就将刘安从马上擒了下来。霍去病奔到高处喊道：“住手！你们的王爷已经被我擒了！还不快快弃械投降！”

荆州军们见刘安在霍去病的手中，只得扔下兵器抱头投降。

众人都高举兵器，大喊胜利！喊声响彻整个长安城。

皇上带着子夫下了城楼，走到霍去病面前拍着他的肩膀道：“好样的！勇冠三军啊！”

转而居高临下地看着躺在地上的刘安，冷笑道：“看来！这一仗，是我赢了！”转而面向三军道，“今夜咱们大摆宴席，以庆军功！”

三军欢呼一片。

“来人啊，将刘安父子押上来！”皇上端坐在龙椅之上道。

两个侍卫分别押着刘安和刘迁走到大殿中央，刘迁一下子就跪倒在地，刘安坚决不跪。侍卫用力踢着他的膝弯。

皇上摆摆手道：“算了，毕竟他也是朕的皇叔，免跪。”

刘迁哀求道：“皇上！皇上饶命啊！看在咱们是亲戚上，饶命啊！”

刘安冷笑道：“犯的是谋反的滔天大罪，你觉得还有活头吗？”

刘迁看了刘安一眼，指着刘安道：“皇上，不关我的事！都是我爹他一个人的主意，我也是不得不为啊！”

皇上冷笑着对刘安道：“皇叔，这就是你的好儿子吗？”

刘安闭目叹道：“孽障啊！”

皇上道：“皇叔精通律法，你应该知道按咱们的大汉律令，谋反的罪有多重吧？”

刘安道：“主谋者受凌迟之刑，满门抄斩并诛灭九族。”

刘迁惊恐道：“皇上饶命啊！皇上！”

皇上道：“来人，堵住他的嘴。”

侍卫便将刘迁的嘴死死地封住。

皇上继续道：“嗯，不错！可是我不明白！皇叔为何要反？”

刘安道：“将死之人，还问那么多干什么！快让我死了算了！胜者为王败者为寇，身为阶下之囚，只求一死足矣！”

皇上叹气道：“唉！看来是真的过错了！子曰：君有为，则民安乐。定然是我做得不够好，才让一些人起了谋反之心。刘安！朕念你是朕的亲皇叔，而且在淮南之时，百姓安居乐业、治理有方。罚你家财尽数充入国库，家人皆贬为庶民永不可入仕为官，就现在执行吧。”

刘安跪倒在地道："谢皇上开恩！鄙人有一个请求，请皇上恩准。"

皇上道："尽管说吧。"

刘安看向相如道："司马大人，我向来欣赏你的才华和琴术。不知今日可否为我弹奏一曲？"

皇上对相如道："嗯，相如你就弹一曲吧，让他安心上路。"

相如便将琴摆于桌上，手抚琴弦，奏了一曲天籁之音。刘安听完一曲睁开眼睛笑道："好曲！好曲啊！"

皇上道："好了，说完罚的。咱们该说赏的了。霍去病上前听赏！"

霍去病走上殿屈膝跪地道："臣在！"

皇上道："今日平叛一战，你功不可没。封冠军侯，食邑二千五百户。"

霍去病道："臣谢主隆恩。"

皇上又道："司马相如听旨。"

相如道："臣在。"

"司马相如护主有功，特加封为一品光禄大夫，食禄一千二百石。"

"卫青听赏，此次你的功劳最大，朕封你为长平侯，加建议侍郎。准你随意出入宫中。"

卫青道："谢主隆恩！"随后皇上又封了一些有功的亲王。

而后皇宫中大摆宴席，以庆渡过一劫。

皇上见相如在席上心不在焉，便问道："相如在想什么？"

相如回道："臣已离家多时，内人并不知音信。还望皇上让我回家一趟与内人报个平安。”

皇上想想道：“也是，那明天你就先回家看看吧。”

皇上拍着相如的肩膀笑道：“我终于知道，一个女人如果真的爱你，那就是生死相许。”

相如笑看皇上道：“皇上是在说卫夫人吧。”

皇上笑了笑，说道：“经过今日一战，我也知道了想做个好君主不光要励精图治，还得有些手段和心机，不然这位子还得让人给抢了！”

相如从皇上的眼神中看到了一丝毒辣，让相如不由得打了一个寒战。

皇上转而笑着举杯道：“来！同饮一杯。”与相如二人喝了个酩酊大醉。

第四章

夜郎国，救妻大冒险

本章讲的是司马相如回到家中，却没有见到自己日思夜想的妻子文君，非常着急，最后得知，妻子在寻找自己的时候在夜郎国遇到了危险，于是他不顾一切地将文君救了出来。

文君失踪，心乱如麻

相如已来到了临邛大街之上，眼看就要到家门口，不由得加快了脚步。

“文君，我回来了！”相如推开家门喊道。

并无一人回应，只见雅芝慌慌张张地跑来道：“姐夫？你到哪里去了？让人急死了！”

相如道：“此事说来话长，你姐呢？”

雅芝哭丧着脸道：“我姐她见你迟迟不归就一个人去找你了，到现在还没有回来。”

相如急道：“什么时候去的？”

雅芝道：“昨天一大清早就去了，到现在还没回来。”

相如又问道：“那我岳父知不知道？”

雅芝道：“哦，姐姐她没让我告诉舅舅，此事只有我一人知道。姐夫，怎么办啊？”

相如安慰她道：“别急，让我想一想。她到哪里去找我了？”

雅芝回忆道：“嗯，姐姐她好像是到西边去了，应该是天台山的方向。”

相如沉吟道：“天台山。我带人去那里找找看。”

雅芝问道：“那还要不要告诉舅舅？”

相如制止道：“哎，先别让老爷子知道，免得他着急。我去找王吉想想办法。”

雅芝道：“姐夫，我也要去。”

相如道：“你就别跟着添乱了。”

雅芝恳求道：“你就让我去吧，我也能帮上忙。”

相如拗不过她，索性一同来到了县衙，让人通报一声。不一会儿，王吉便从内衙转出。王吉见到相如笑道：“司马兄，稀客啊！自从你飞黄腾达后可还记得老朋友吗？早把我抛到脑后了吧。”

相如苦笑道：“王兄哪的话，你就别开玩笑了。实不相瞒，今日我来是有要紧事。”

王吉问道：“哦？愿闻其详。”

相如便将卓文君失踪一事，说与王吉。

王吉听后，起身道：“事不宜迟，我这就让手下召集人手，咱们快走吧。”遂与二人动身寻找卓文君。

整整一天过去了，人们又在山下汇合。

王吉道：“不行啊，整个天台山都找遍了，可都没有卓文君的半点消息。”

相如仰天长叹道：“文君啊！你到哪里去了啊？如果你有什么不测的话，我会内疚一辈子的。”

王吉安慰道：“咱们明天再扩大范围找，别灰心。一定会找到的。”

此时一个樵夫从路边经过，见众人似在寻人，便上前问道：“不知几位是否在找人？”

相如回道：“是啊，老哥请问你是否见到一位姑娘？”

樵夫道：“哦，你说的那个姑娘是不是挺漂亮的，有二十多岁。”

相如忙答道：“对！老哥见过她？实不相瞒，那姑娘正是在下的妻子，还请老哥详细说来。”

樵夫将柴放下道：“昨日，我在这山中砍柴，看见那个姑娘被一群蛮夷士兵捆绑着带走了。我看来者不善，怕多生事端也没敢报官。”

王吉思索道：“蛮夷士兵，与咱们相距最近的，只有夜郎国了。”

相如道：“夜郎？难道真是他们干的？”

王吉道：“咱们还得弄清楚才行啊，今天晚上我派几个精细的弟兄探查探查。

相如叹道：“嗯，也只好如此了。”而后又看着夜郎国方向沉吟道：“文君啊！文君！你可千万不能有事啊！”

夜幕缓缓地落下。

夜郎国的秘密

夜郎国地处汉朝西南边境，相接巴蜀，与汉朝素有通商，后为汉所灭，改置夜郎郡。

县衙中，王吉与相如等人焦急地等待着消息。一个便装的差人快步走进来。

“怎么样？有消息了吗？”众人问道。

衙役喘口气道：“有了！我探到消息，说是夜郎王要新纳妃子。听说是中原人士，是被强抢过来的，前天刚到夜郎，怕正是司马夫人。”

相如拍案而起怒道：“什么？竟敢在我大汉境内强抢人妻，还毫不羞耻地要纳为王妃！真欺人太甚！”

王吉道：“司马兄切莫冲动！咱们还得从长计议，夜郎国好歹也是一个国家，咱们力敌不行，只能智取！”

雅芝也劝道：“是啊，姐夫，姐姐还得咱们去救啊！”

相如强压怒火道：“嗯，好吧，咱们商量好一个计策。你们说怎么办？我现在脑子里一片空白！冷静！我要冷静！文君还等着我来救她呢！”

王吉思索后问道：“那夜郎王何时成婚？”

衙役回道：“本月十五。”

王吉道：“今天是十三，再过两日就是十五。咱们给他来一个大闹夜郎！”便与相如、雅芝说了如此如此。两人皆点头答应，经过一番商议，相如等人决定乔装打扮一番，未免人多手杂，便由王吉与雅芝二人一同前往。并且相如早已修书一封命人送抵长安的卫青手中，让他带兵在边境接应。一切准备就绪，三人便出发前往夜郎。

光阴似箭，日子悄悄地过去。经过了两日的行程，相如三人已到了夜郎国！

此日，由于他们的大王要举办婚礼，所以就连大街上也是张灯结彩。就连这里的百姓们家门上也挂着三尺红绫，以示庆贺。这夜郎国虽为小国，可能在这乱世中生存下来自然也有它的手段。

当地的百姓因受汉朝文化影响，习俗与着装也大同小异。当地人说的是彝族语言，幸而相如以前曾学过一些彝族话，所以也能简单地与当地人交流一下。

相如便找了一个当地人又核实了一下情况，果然如衙役所探。那夜郎王多德所要迎娶的姑娘十有八九是自己的妻子卓文君。而且相如从那人口中打听到，今天晚上夜郎王要在皇宫之中举办盛宴。看来只有今晚这一次机会了。

三人商议着先去探一探地形，为今晚的行动多出几分胜算。至于计策，王吉已经将具体实施方案告诉二人。万事俱备只欠东风！

三人步行着来到了夜郎皇宫边，只见皇宫不算大却也有重兵把守，共有三个城门，每个城门都有卫兵日夜巡逻，没有百十人的军队是没法强过的。看来只能智取了！

三人看好了地形之后，先来到一个客栈中下榻。

三人叫了一些饭菜，就在饭桌上研讨了起来。

相如轻抿一口茶道："咱们不好进去，据刚才那人说，王宫之中后厨不够用，需要从民间进贡食材，还有酒品。我估摸着咱们可以混进去，你们看怎么样？"

王吉道："只能如此了。"

雅芝问道："可是咱们怎么才能混进去呢？"

相如眉头紧锁，他也正在想办法。

正在此时，客栈掌柜喊叫了起来："哎呀！你们到底是怎么搞的！明明今天有重要的事，早不走晚不走，偏偏在这个时候要走！"

"掌柜的，我老婆要生了，我得赶紧回家啊！"一个伙计模样的人哀求道。

"是啊，是啊！老板你就让我们回去吧。"另外两个人附和道。

掌柜大骂道："三个老婆一起生！你们想偷奸耍滑，走了就别回来了！"

三人背着包袱急忙奔出门去。

相如对二人笑道："我有办法了！"起身走到掌柜跟前。

相如安慰道："掌柜的消消气，他们到底怎么了？"

掌柜的余怒未消地道："还能怎么！耍滑头！这已经是第三次了！要不是念在同是汉人我才懒得管他们呢！这次绝不让他们再来了！可这夜郎王有令，今夜城中商户必须献出一定酒菜让伙计抬进宫中，不然就有牢狱之苦。现在时间紧迫，让我到哪里找人手啊！真急死我了！"

相如道："听老板口音好像是蜀郡的人吧。"

掌柜回道："是啊，三年前我从蜀郡老家带来一些本钱到这夜郎开了这家酒店。"

相如笑道："那太巧了，我也是蜀郡人啊。咱们还是同乡啊！"

雅芝在桌前问王吉道："姐夫在干什么？怎么跟老板攀起关系了？"

王吉笑道："谁知道他葫芦里卖的什么药？"

相如接着道："掌柜，那您觉得我们三人怎样，我们三人也想在这里赚些盘缠，而你又正缺人手，看在老乡的份上咱们就互帮一下。"而后指了指王吉与雅芝的位置。

掌柜的看了一眼，犹豫片刻道："那好吧，今晚上你们就把酒菜送到王宫吧。这些衣服你们换上吧。"掌柜的顺手将那三人脱下的衣服递给相如。

相如笑道："那就谢谢掌柜的了。"

相如拿来衣服，走到桌前笑道："好了，大功告成！"

王吉看到了衣服恍然大悟，指着相如笑道：“好！好一招偷梁换柱，瞒天过海！”

雅芝问道：“什么啊？你们在打什么哑谜啊？我怎么一句也听不懂啊。”

王吉解释道：“雅芝姑娘还不明白吗？咱们摇身一变，变成了酒店伙计，不就能进到王宫了吗？”

雅芝恍然道：“是啊！我怎么就没想到呢？姐夫你太聪明了。”

相如道：“好了，快吃饭吧。吃完饭去换衣服，今天晚上咱们就行动，这回你又得做回你的老本行了——女扮男装！”

雅芝指着自己道：“什么？又让我女扮男装！为了姐姐我就牺牲一下吧！”

三人大闹夜郎国

夜幕悄悄降临，而此时夜郎王城的繁华才刚刚开始。“跟紧我，咱们只要跟着前面的人就行了。”相如悄声道。三人抬着酒坛和菜盒一步一步地跟着队伍慢慢前行。

因为伪装得很好，三人顺顺利利地逃过了卫兵的检查。

三人眼睛不断地观察着四周，留意着守卫与地形。

王宫不大，不一会就已来到了后厨，卫兵们命令众人将食材放下。就在卫兵驱赶众人离开的时候，王吉忽然捂着肚子叫了起来，相如与雅芝慌忙上前扶他，王吉便装模做样眨着眼睛给相如使眼色。

相如早已明白他的心思，便对卫兵说：“大哥，我的这个兄弟肚子痛，麻烦你行个方便带我们去一趟茅厕！”

卫兵不耐烦地说道：“汉人真是麻烦！好了好了！跟我来吧！”

相如谢道：“多谢大哥！多谢了！”

卫兵带着三人来到了茅厕，相如已从地上拣起一块石头，对着卫兵后脑就是一下，卫兵应声倒地。王吉竖了竖大拇指，相如将肩膀一耸以示回应。相如便把卫兵的衣服脱下，将自己的衣服换下。又把卫兵藏到了草丛之中。

三人悄悄地来到园中，不过门前有两个卫兵把守。相如整理一下盔甲，若无其事地走到卫兵面前用当地话说道："多德说后厨正缺人手，你们快去帮忙吧!"

卫兵听后便跟在相如身后，走出了园子。刚出园门只听砰砰两声，两个卫兵应声倒地。只见王吉与雅芝将手中的石头丢掉，拍了拍手。

三人将尸体藏到了一个假山后，不一会三个卫兵从假山后大步走出，正是相如三人。

三人像模像样地在园中信步而行，其实仔细看是在寻找什么。

只见此时一个涂脂抹粉、丑陋不堪的肥胖婆子，打扮得花枝招展地从前门进来，相如悄声道："这应该是喜婆，咱们跟着她应该能找到卓文君，跟上。"

三人蹑手蹑脚地跟着喜婆出宫进殿，终于喜婆来到了一间用红布装饰着的房中。

喜婆推开门，并将房门顺手关上。

三人快步跟上，将头靠近门窗，用手指沾湿点破窗纸，将一只眼睛凑了上去。只见床上正背对着门坐着一个红衣女子，不过手与脚被紧紧地绑着，口中也被塞着东西。

喜婆将塞口除去，叹道："我说了半辈子的姑娘，从没见过像你这般执拗的，你嫁的又不是什么山野樵夫，他可是堂堂的夜郎国国王。不知有多少姑娘争着抢着要给他做小妾呢，你还真是不知足啊！"

红衣女子瞪大双眼狠狠地看着喜婆冷冷地道："哼！我宁愿去死！"红衣女子将头扭过来，这张脸！不是别人，正是卓文君！

门外相如三人也是惊呼，并瞬间破门而入。

只听喜婆惊问道："你们？你们为何敢闯进！你们——"

正要叫喊时早已被王吉等人将口塞住，反绑住了手脚。

相如将头盔除去，卓文君立刻从床上坐起，眼神中混杂着各种情感，一时难以表达，只化作泪水一股股地流出，相如一把将卓文君抱住。

卓文君哭道："相如，我还以为这辈子都见不到你了！我——"

相如擦拭着卓文君的眼泪安慰道："现在没事了，我不是来救你了吗？文君，对不起！是我的错，是我没叫人给你报个信儿，让你这么着急找我。"

两人紧紧相拥，久久不愿松开。

王吉道："此地不宜久留，咱们赶紧离开这个地方。"

相如道："是啊！咱们得赶快离开才行啊！不然被人发觉了，咱们就插翅难逃了。"

雅芝指着喜婆问道："那她怎么办？"

相如笑道："咱们来气一气这个夜郎王，既然她那么想当夜郎王的妃子，那就让她当好了。"

便把喜婆换上了卓文君的红纱婚衣塞进了被子中。四人快步出了房间。按照原路返回，躲过了一波波的巡逻队。

相如道："咱们这般不好出宫，还是将衣服换过来吧！为安全起见，文君你藏在这酒坛中。"便到后厨将伙计的衣服换了过来，三人抬着酒坛与食盒，低着头快步来到了宫门口，只见送菜的队伍已经走光了，卫兵们正在聊天。

卫兵们见到迟迟到来的相如等人，不禁起疑问道："你们几个，怎么这么久才来？干什么去了？"

相如赔笑道："大哥，我的兄弟肚子痛，我带他去茅厕了。"

王吉也赔笑道："是啊是啊，肚子痛去茅厕了。"并捂着肚子装出痛苦的样子。

卫兵头道："肚子痛？你们汉人的事儿还挺多啊！"

相如道："人吃五谷杂粮怎就没个病啊痛啊的。"

卫兵头上前检查了食盒，正要检查酒坛。相如见势头不对，急中生智叫道："大哥！"

卫兵头将手缩回，问道："怎么了？"

相如将食盒打开，拿出些酒菜端给卫兵们，笑道："兄弟们都辛辛苦苦地守着城门，来，这是小人孝敬各位大哥的。"卫兵们见状都眼睛一亮，一窝蜂凑上前去。

卫兵头笑道：“你小子，还挺懂人情，好吧！就算你孝敬的。”转而对卫兵们喊道：“你们给我留点!”

相如打个手势给王吉与雅芝，退着步子对卫兵笑道：“各位大哥，你们慢慢享用，小人告退了。”而后三人快步出了城去。

逃离夜郎，一路惊险

三人疾行了数里后，看到身后没有追兵方才松了一口气。将卓文君从酒坛中拉出。四人相互看看对方如此狼狈，都不禁相视大笑。

王吉笑道：“你们说如果夜郎王看到她漂亮的妃子变成了一个丑老婆子，他会怎么样?”

听到王吉这话，相如三人笑得更是合不拢嘴了。

夜郎王正在宴请宾客，酒过三巡。夜郎王醉醺醺地道：“诸位，今日乃是本王大喜之日，洞房花烛不容错过，本王就不奉陪了，你们吃好喝好啊!”便由侍女扶着下了席。

夜郎王跌跌撞撞地来到了房间，推开门，看到被子里躺着一个人，红衣角露在床外，连忙掀开被子。

没想到这一掀不要紧，夜郎王的酒直接醒了一半！原来这床上躺的哪是自己的美人啊！竟是个又老又丑的被五花大绑着的喜婆！

夜郎王大怒，除去喜婆的塞口问道："我的美人呢！啊？"

喜婆回道："大王！您的妃子被人给救走了！"

夜郎王将手一拍桌子，怒道："什么！被人给救走了！岂有此理！到底是什么人？"

喜婆答道："看样子像是汉人，好像是您妃子的丈夫。"

正在此时，一个卫兵在门外急匆匆地说："大王！我们有几个卫兵被打晕了！"

喜婆道："对对对！刚开始我也以为是王宫守卫，因为他们三个都穿着卫兵的衣服。"

夜郎王大怒道："好大的胆子！抢人抢到了我的地盘上来了！传令下去，加派人手，全境搜捕四人，我就不信他们能逃出我的手掌心儿！敢让我的好事成空，我就让他们死！"

相如四人正行走时，只听身后马蹄声响。一大堆夜郎士兵正骑着马迅速追来，相如等人大叫不好，不禁加快了脚步。

只是人哪里有马跑得快，就在四人将被追上时，忽然听到一声哨响，一声大喊："大汉霍去病在此！"

一个小将骑着一匹白马带着一队人马向四人赶来。不是别人，正是冠军侯霍去病！

相如等人见到霍去病赶来，不禁松了一口气。这下好了，有人来接应了。

霍去病与所带人马将四人救上马来，且战且退，拈弓射箭，无数夜郎将士应弦而落。不一会便到了边境。

一个夜郎士兵禀道：“将军，再往前就到了大汉地界了，咱们还追不追啊！”

夜郎将军咬咬牙，狠心道：“追！大王有令！务必要将四人捉来！”众士兵呼啸而上。

只听一声弓弦响，一枝羽箭正正好好地射中将军头盔。将军吓得面如土色，丝毫不敢动弹。

只听高处一个熟悉的声音响起：“此乃我大汉边境！再上前来，格杀勿论！”正是长平侯卫青。

夜郎将军道：“既然如此，那我们走！”

一个士兵问道：“将军，咱们真的不追了，那四个人就在那边。”

将军骂道：“你想死吗！”而后带着士兵头也不回地回城了。

卫青补充道：“顺便捎句话给你们的夜郎王多德，说我大汉必将收服你们，叫你们的大王等着吧！”

众人见夜郎追兵尽皆退去，都松了一口气。

相如走上前拱手道：“卫大人，这次多亏了你啊！不然我们可能就成了那夜郎王的刀下鬼了。多谢！”

卫青笑道：“哪里话，只是咱们大汉子民若让那小小夜郎欺辱，未免让人不齿了。你们没事就好了，那我们就回去了。”

相如道：“好，请告诉皇上，我安顿好家中随后就到。”

卫青上马拱手道：“卫青告辞！”拉了一下缰绳带着士兵们向长安

方向奔去。

相如等人目送着卫青与霍去病离去。

相如拉着卓文君的手道：“感觉好像做梦一样。”

卓文君含情脉脉地看着相如道：“是啊，咱们差点就命丧他乡啊。”

卓文君将头轻靠在相如的肩膀上。经过这一劫，让二人的感情更深了一层。

夜已过尽，东方显出鱼肚白。朝霞已在酝酿之中了，而太阳也在准备冲破黑暗，照亮人间，带来光明。

第五章

英雄血泪，妾心随君

本章写的是司马相如在皇帝身边做官所遇到的事情，以及司马相如用自己的聪明才智替皇上解围的事情。他和卓文君分开时间甚久，但是卓文君的心一直跟随着自己的夫君。

宫廷争宠，不知寂寞

司马相如在家中待了几日，因为是朝廷命官所以不好擅离职守，只能恋恋不舍地与卓文君告别。

卓文君给相如系上斗篷，关心道："已经入秋了，长安那边不比蜀中，一到秋天，晚上和早上特别冷，别被凉气沁坏了身子。"

相如握住了卓文君的手，道："有你在我心里，我又怎会冷呢？"

卓文君笑骂道："我听说长安多出美女，你可别见到好的就把我给忘了啊！"

相如严肃地竖起右手起誓道："好，如果我有负于文君的话，就让我——"

卓文君捂住相如的嘴，打断他说："我相信你就是了！"

相如笑道："我知道还是你心疼我。谁让你是我妻子呢？"

卓文君又道："相如，我知道现在皇上对你很好，可是自古以来都是伴君如伴虎，你在皇上身边一定要多加小心啊。实在不行就回来吧，做个小百姓也是好的。”

相如叹道：“我又何尝不知呢，只是男人必要有宏图大志，我要辅佐皇上成就一番霸业。功成之日我自会退下的，到时候咱们开个酒肆，过平凡的日子。你为我生个一男半女，咱们白天卖酒，晚上我教他们弹琴念书，咱们一家人过得其乐融融！”

卓文君幸福地笑着看着相如，点点头。

相如上马拉缰，回头看了一眼卓文君，恋恋不舍地骑马向长安方向奔去。

卓文君目送着相如离去，直到他变成了一个小黑点消失在远方。

卓文君双手合十心道：“希望上天能保佑相如平安无事。”

而这个时候长安皇宫内，阿娇皇后抱怨道：“娘啊，现在那个卫子夫越来越猖狂了，越来越不把我这个皇后放在眼里了。”

大长公主刘嫖道：“那是自然，自古以来母凭子贵，本来皇上就宠爱卫子夫，现在又怀了皇上的孩子，那自然是更加得宠。谁让你到现在还没有一点动静！”

阿娇摸了摸自己的肚子，恨道：“哼，不就是怀孕吗？大不了我让她们一尸两命。”

刘嫖放下茶杯道：“你可别犯傻啊，皇上现在很是看重卫子夫，就连她的弟弟卫青还有她的侄子霍去病都因此平步青云。你若敢公然将卫子夫害了，谁知道皇上会干什么事！”

阿娇狡黠地笑道："明的不行，咱们就不能来暗的吗？"

刘嫖问道："你的意思是？"

阿娇拍了拍手，只见一个身着奇装异服的巫女从后殿转出。

巫女跪倒道："巫女楚服给馆陶大长公主、皇后请安。"

阿娇介绍道："娘，这是我专门从滇国花重金请来的巫师，咱们明里是不好动手，可若背地里给那贱女人下上一降头，又有谁知道呢？"

刘嫖阴笑道："果然是女儿聪明啊！"

阿娇把玩着绫带冷道："母凭子贵？这次就叫你因胎而毁！"眼神中的那抹毒辣令人看了不禁直打寒战。

司马相如换好官服，迈步来到了皇宫之中，得知皇上在书房，便径直到了书房去。

皇上正拿着一本书简仔细研究着，相如见状不忍打搅，便支走了服侍太监，悄悄地绕到了皇上身后。

皇上正入神地看着书，不知道这回事儿。他伸出右手道："茶！"

相如笑着将茶递到皇上手中。皇上饮了一口后又将茶还到相如手中。皇上目不转睛地道："小荣子，怎么这茶味道不对啊！"

相如笑着回道："回皇上的话，这是新进的云南普洱。"

皇上惊了一跳，书简也掉在了地上。相如忙上前拾起了书简跪拜道："微臣吓到皇上了。"

皇上笑道："司马爱卿，何时到的？怎么不通报一声？我还以为是小荣子呢。"

相如道：“臣早已来了多时了，只是见皇上正用心读书，所以不忍心打搅皇上，才让小荣子下去，自己在这里服侍皇上。”

皇上拉着相如坐了下来。

皇上笑道：“怎么这次去了这么久？”

相如回道：“唉，皇上有所不知啊，此事说来话长。”便将卓文君被掳走之事向皇上娓娓道来。

皇上听后拍案而起，怒道：“岂有此理！敢在我大汉境内强抢人妇，还恬不知耻地想纳为妃子！不过一个小小的夜郎国，自大得过头了吧，真以为我大汉无人！”

相如道：“如今咱们刚经历过内乱，军力尚未恢复。所以最好还是不要轻易开战，以免被人趁火打劫。”

皇上道：“哼！朕早晚必收服夜郎，置之成郡。”

相如道：“皇上有此志便是再好不过的了。”

相如问道：“怎么不见卫将军？”

皇上道：“匈奴来犯，我命他与霍去病到边塞去了。”

相如叹道：“这北方的匈奴也是一个隐患啊。”

皇上道：“是啊，匈奴不灭朕寝食难安啊！”随后起身道，“不谈这些了，今日天朗气清咱们去打猎吧，朕已经好久没有出去走走了，在这都快发霉了。”

相如笑道：“臣谨遵圣谕。”

二人说笑着出了书房。

子夫坐在锦床之上，皇上正抚摸着子夫的肚子喃喃道：“这可是真的太子啊!”

子夫笑道：“孩子还没出世，皇上又怎知是男是女呢?”

皇上笑道：“我能听出来啊。”索性低下头附耳凑近子夫的腹部。像模像样地听了一会严肃地道：“嗯，等我再问问他吧。”

子夫笑着看着皇上的一举一动。只见皇上对着胎儿问道：“孩子啊，孩子。你是公主吗?”然后又凑近肚子。

皇上斩钉截铁地对子夫道：“嗯，一定是个男孩儿。”

子夫问道：“皇上何以知道?”

皇上解释道：“刚刚我问他了，问他是不是公主的时候，他竟然踢我。这不就是在说他不是公主而是个太子吗?”

子夫笑而不语，正在此时。子夫忽然感到腹中一阵剧痛，捂着肚子从床上跌下了地，仿佛肚中有千虫噬咬一般，疼得在地上翻滚，脸上都疼得扭曲了。

皇上见状惊了一下，急上前问道：“子夫！子夫你怎么了？子夫！太医！太医!”皇上急喊太医进宫。

子夫终究抵不住疼痛，晕了过去。皇上将她扶上了床。

太医诊断后不住地摇头。皇上急问道：“怎么样，子夫她到底是怎么了?”

太医道：“启禀皇上，卫夫人她不是病了，而是中了蛊术!”

皇上问道：“蛊术？那可有法医治?”

太医回道："蛊术是滇国的一种巫术，只有找到了用蛊之人，方才能解。不然不出一月卫夫人必会胎儿不保，甚至可能一尸两命！"

皇上惊道："你说什么？胎儿不保，一尸两命！"

太医道："一定要尽快找出下蛊之人，才能够保住卫夫人和孩子。"

皇上怒道："下蛊之人！若被我找到，必将他碎尸万段！找！挖地三尺也要把那下蛊之人找出来！"

皇上下令名侍卫们不分昼夜地寻找下蛊之人。

相如听说此事后，赶忙面见了皇上。

相如对皇上道："皇上，听说卫夫人中了蛊毒，怎么回事？"

皇上颓然道："朕也不知道，那日朕与子夫正在未央宫中聊天，她忽然就腹痛难忍而后便晕了过去。"

想如想想道："皇上，臣自幼生长在蜀中，对这滇国蛊术也有所了解。"

皇上喜闻道："可有办法？"

相如道："需得找出下蛊之人才能让她解了这蛊毒。"

皇上叹道："太医也是这么说的。可这天下之大，让我哪里去找啊？"

相如道："不然，据臣所知，这下蛊之人需距中蛊之人十里之内，此蛊术方能生效。所以我敢断定，下蛊之人必在这皇宫之中。"

皇上急道："你是说，下蛊的人是皇宫里的人？"

相如点点头。

皇上道："那我就封锁皇宫，任何人不得出入宫中。一个人一个人地搜，我就不信搜不出下蛊之人！"

相如摆手道："哎，皇上切莫如此。如此只会打草惊蛇，咱们要装作相安无事，那下蛊之人自会出现。"

皇上看了看晕倒在床上的子夫道："好，只要能救子夫，一切都按你说的办。"

相如道："好，那咱们就得好好留意了。"

皇上慢慢走到床前，坐在床边，握住子夫的手贴到自己的脸颊上，柔声道："子夫啊，你千万不要有事啊。朕的太子可还在你的腹中，希望上天能保佑你们母子平安！"

事败，悔不当初

经过了一夜的黑暗，天终于亮了。

阳光透过窗子照了进来，照在了子夫的脸上。子夫缓缓地睁开眼睛，发现皇上正握着自己的手，头枕在自己身上。子夫心道：“看来他是守了自己一夜啊。”

皇上也醒了，发现子夫正微笑着看着自己。

皇上笑道：“子夫，你终于醒了。把我给急坏了。”

子夫苍白的脸上，强挤出一抹笑容答道：“皇上一宿没睡吧，眼圈都黑了。子夫已经没事了，你回去歇着吧。太医怎么说的？”

皇上迟疑着道：“太医说是小病，吃些药就行了。要好好休息。”

子夫看着皇上惨笑道：“皇上就不要再掩饰了，臣妾什么情况自己知道，你就跟我说实话吧。”

皇上见掩饰不住，便坦白道：“太医说你被人下了蛊，若在一月内不找出解药就会一尸两命。"

子夫苦笑着将头枕在床帮上。

皇上握住子夫的手安慰道："子夫，你放心。朕一定要救你，就算掘地三尺也要找到下蛊之人。"

子夫摇摇头道："皇上，臣妾别无所求，但求能和皇上厮守。臣妾也就心满意足了。如若我真的死了的话，皇上千万要以社稷为重，不要太过伤心。阿娇皇后虽心胸狭窄，可本性并不坏，你以后要好好待她。臣妾能受皇上宠爱那是几辈子修来的福气，臣妾知足了。"

听了这些话，皇上的眼泪顿时流了下来，皇上将眼泪用衣袖拭去，强笑道："不说这些了，饿了一天了，想吃些什么？"

子夫道："皇上，臣妾想吃些莲子羹，可以吗？"

皇上起身道："好，朕这就叫人去做。你先躺一会啊。"将子夫扶着躺下，盖好了被子。

便迈步出了未央宫，命令贴身太监命道："你到御膳房弄些莲子羹来！"

太监低头回道："皇上，库房的莲子已经用光了。"

皇上问道："什么？用光了？"

太监道："陈皇后那里还有，奴才这就去取些来。"

皇上摆摆手道："不用了。朕亲自去取。你退下吧。"

皇上便一路向椒房殿前来。

阿娇正斜坐在靠椅之上，地上巫女楚服道："皇后，民女已给卫子夫下了蛊，不出一月那卫子夫必会肠穿肚烂而死。”

阿娇笑道：“好，好，做得不错。等事成之后你就等着领赏吧！”

楚服笑道：“谢皇后恩典。”而后又从包中拿出一个草人，对阿娇道：“皇后娘娘，这是那卫子夫的蛊体，只要您在这上面扎针，那卫子夫就会疼得死去活来。”

阿娇接过草人，阴笑道：“敢跟我抢皇上，我扎死你！”

随后便命楚服退下。自己正要施针作蛊，只听门外一声唱报：“皇上驾到。”

阿娇赶忙将草人藏到了怀中。皇上已经迈进了椒房殿的门槛。

阿娇心中暗自庆幸：“幸好先让楚服退下，不然让皇上给瞧见免不了事情败露。”

皇上道：“阿娇啊，你这还有莲子吗？给我拿一些。”

阿娇问道：“是子夫妹妹要吃吗？她好些了吗？怎么好端端的就中了蛊呢？”

皇上叹道：“唉，子夫真是命苦。若再找不到下蛊之人，那就还有一月的活头了。”

阿娇也感叹道：“哎，我去拿莲子。”便进了后堂端出了一盘金灿灿的莲子。

忽然在走出几步之时，脚下一绊摔了一跤，莲子洒了一地。

皇上忙上前扶她问道：“怎么样？没事吧？”

忽然皇上眼前一亮，只见脚下躺着一个用蒲草所扎的草人。皇上捡起草人，仔细看了看，上面写了卫子夫的名字和生辰八字，而且还被八根金针扎着几个要害。

皇上眼睛里的眸子充斥着怒火，抓住阿娇问道："你说！这是什么？"

阿娇害怕地解释道："这是我听说子夫妹妹有病，所以才找巫人来看了看，那巫人说这是治病消灾的。难道这就是蛊术吗？皇上，臣妾真的不知啊。"

皇上喝道："那巫人呢？快把她绑来！"

阿娇便命人将楚服找来，暗中早已叫人将此事说与她，并花重金收买了她，让她在最后关头即使死也要保住自己，而且又叫人请来了馆陶大长公主刘嫖。

楚服被士兵押着来到了椒房殿中，扑通一声跪倒在地上。

皇上怒喝道："大胆巫婆！你竟敢用蛊加害朕的宠妃，快给她解了这蛊毒！"

阿娇也喝道："对啊，临死你还不知好歹吗？"

楚服自知难逃一死，便看了阿娇一眼笑道："只要将那个草人烧掉就行了。"

皇上命人将草人烧掉。

皇上问道："子夫现在感觉怎么样了？"

只见子夫的脸上恢复了红润，对皇上喜道："皇上，肚子不疼了。好像什么都好了。"

皇上对楚服道："说！到底是谁指使你的？"

楚服冷笑道："将死之人还有什么奢求吗？"话说完从怀中掏出一丸丹药，脖子一扬送入口中。

还未有半刻钟的工夫，楚服便七窍流血，倒在地上。

士卫上前探了探鼻子，气息全无。士卫回道："启禀皇上，犯人畏罪服毒了。"

皇上怒道："真便宜她了，把她的尸首挂在城门外，以儆效尤！"

士卫拖着楚服的尸体出了椒房殿！

皇上看了一眼阿娇，重重地拍了一下桌子，喝道："大胆阿娇！你可知道子夫差点儿因你而送命！"

阿娇跪在地上哭道："皇上，臣妾实在不知啊，我也是为子夫妹妹的病着想啊。谁知道就害了子夫啊。臣妾该死，千不该万不该，不该找这巫女来。"

皇上怒道："现在后悔已晚了！来人，将她的皇后之位除了，给我打入冷宫！"

"慢着！"只听门外一声响起。

刘嫖急急忙忙地赶来，见皇上要废了阿娇打入冷宫。刘嫖道："皇上，阿娇一时糊涂。可她也是为子夫着想啊，皇上万万不可因此一件事就要废了她啊！"

皇上心想：刘嫖再怎么说也是自己的姑母，想当初自己当上太子，也有她的功劳。

子夫也在一旁劝道：“是啊皇上，阿娇姐姐也是为了让我的病早点好啊。这一次是她的无心之失，你就饶了她吧。”

皇上叹道：“好！这次就免了此罪，在一年之内不准出宫，可如若再有下次，就罪加一等。听到了吗？”

阿娇不住地抽泣道：“臣妾谢皇上恩典。”

皇上起身道：“子夫我们走，你好好的反省反省吧！”遂与子夫挥袖离去，只剩阿娇与刘嫖怔在椒房殿中。

刘嫖上前扶起阿娇道：“看看吧，这次若不是我给你求情，你就得被打入冷宫了。”

阿娇恨恨地道：“等着吧，这仇我一定会报的！”

皇上将此事说与了相如，相如暗笑道：“皇上真的以为陈皇后是无心的吗？”

皇上问道：“你的意思是她是有意而为之？”

相如道：“陈皇后素来嫉妒卫夫人受宠，她又怎会好心为卫夫人寻找治病之法？草人之蛊只是她的一招计而已。”

皇上怒道：“我早该想到的，原来是这贱妇的阴谋。只是看在那刘嫖对我有恩的份上才不和她计较。”

相如道：“卫夫人心底纯正，皇上还要让卫夫人小心防范才是啊。”

皇上道：“嗯，到时我会让子夫取而代之的。”

再施毒计害他人

转眼间，三个月光阴平平静静地度过了。秋去冬来，一场大雪过后长安城内外一片银装素裹，骊山之上白雪皑皑，如同一座缥缈仙山一般，半座山头都被白色点缀包裹着。山谷关中也已大雪封关了，苍鹰在长空中盘旋寻找着残留的猎物。突然雪地之上出现了一只雪兔，雪兔嗅着雪地翻找着食物。苍鹰一声长啸，呼啸而下朝着雪兔俯冲过来，雪兔被紧紧地扣在双爪之下，雪兔拼命地挣扎，却是徒劳。苍鹰几下振翅，就已是在千里之外，化作一个黑点消失在天际边。

再看一眼雪地之上的干草丛边，一个洞口被半遮着，只见黑漆漆的洞里，几个粉红色的肉团在张嘴嗷嗷待哺，这正是那只被苍鹰捉走的雪兔的小崽子。看来他们也活不过这个冬天了，正在此时。一团红红的影子接近了洞口，正是那只被苍鹰抓走的母雪兔，只见它的身上布满了血痕和抓痕，有大部分的皮毛已被抓破，露出一块块的碎肉还直往外冒着鲜血，在这天寒地冻中很快便冻成了一层血痂。

母雪兔蹒跚着一步步地爬了回来，心中牵挂着自己的孩子的信念让它在苍鹰的爪中拼死逃脱，一步一步地爬回洞中。

皇宫之中大殿的屋顶上也铺上了白瓦，地上则相映衬地被换上了白砖。几个太监在拿着竹扫帚一下一下地扫着地上的积雪。

皇上挽着子夫的胳臂慢慢地在这雪景之中散步，说说笑笑地走过了大宫小殿，就在经过椒房殿时，正撞着阿娇从殿中走出。

阿娇看到皇上又在陪着卫子夫，不禁火上心头，拿捏着腔调道："这不是子夫妹妹吗？外边儿风大，可别吹着了肚里的孩子。"转而又眼睛一亮，看到了子夫身上披着的大氅怒道，"皇上！这不是你送我的雀金裘吗？怎么你让她穿了？"

皇上道："今天天降大雪天气极寒，我看子夫身上衣服单薄，所以便将这大氅给了她。"

子夫道："姐姐若要穿，那我这就脱给姐姐。"

阿娇尖刻地道："算了算了，既然皇上给了你就算送你了。我又怎敢违抗君令！"旋即白了一眼道，"臣妾告退了。"

皇上怒道："你——"

子夫打断他道："皇上，算了。只是一件衣服而已。"

皇上气道："这个阿娇，现在越来越不像话了。她要是有你的十分之一也就好了。"

子夫笑而不语。

阿娇回到了椒房殿，心中窝着一团气，拿着摆设瓷器等器物又是摔又是砸的，地上一片狼藉。

馆陶大长公主刘嫖，刚一迈进宫门，就差点被阿娇砸到。

阿娇手举着花瓶，看到自己的母亲一脸惊愕地看着她，阿娇怒冲冲地放下了花瓶一屁股坐在了椅子上。

刘嫖看了看这满地狼藉后上前问道："到底是什么人惹我们的皇后娘娘生气啊？"

阿娇气道："看来我越来越不得宠了！娘，我看过不了多长时间皇上就会把我给废了，另立那贱人做皇后！"

刘嫖坐下道："说什么胡话呢？怎么会，你别多想了。再怎么说你的身份也比那个歌妓出身的卫子夫高多了。"

阿娇狠狠道："不行！我就是咽不下这一口气，每天看到皇上和她卿卿我我的，我就气不打一处来！"

刘嫖道："咱们女人啊，就得抓住自己男人的心。不然可就得让别的女人乘虚而入了。"

阿娇道："这我也知道，那贱人来之前皇上是多么的宠爱我，可自打她来了之后，不知道对皇上施了什么妖法，让皇上对她言听计从的！"

刘嫖道："能是什么妖法，人家可是怀着龙种呢。谁让你这么不争气。"

阿娇不耐烦地道："龙种！龙种！不就是怀个孩子吗？有什么了不起的！上次差点就成功了！"

刘嫖拍着桌子道："还提上次！要不是我替你求情，你早就给皇上打入冷宫了！”

阿娇道：“这次咱们就用药！把她的孩子打掉，怎么样？就算孩子掉了，最多是一场意外，又怎么会赖到咱们的头上。”

刘嫖想想道：“嗯，也好。我看若是那卫子夫生下了孩子，你这位子还真是难保啊！你自己看着办吧，有了前车之鉴，这次务必要小心行事！还有就是那个司马相如你也要防着点，听说上次就是被他揭穿的。”

阿娇冷笑道：“肯定的，不管是谁也挡不住我的。您就瞧好吧！”眼神比之前是更加阴寒了！

夜里，子夫在未央宫中绣着一些东西。只听一声通报：“皇后娘娘驾到——”

只听声音刚刚落下，阿娇就带着两个宫女进了宫门。宫女的手中捧着两钵东西。

阿娇尖声笑道：“子夫妹妹还没睡呢？别劳累了，皇上见了又该急了。”

子夫从床上坐起，抚着肚子下了床笑道：“只是绣一些小东西，谈什么累不累的，我也没那么娇惯。”

阿娇忙上前扶住她，道：“你坐在这就行了。可别动了胎气。”

子夫问道：“不知姐姐深夜造访，有何事吗？”

阿娇笑着坐下道：“也没什么事儿。只是今天我一时想不开，让妹妹吃了些火气，妹妹可别见怪啊！”

子夫道：“姐姐这就小看了我了，我哪有那么小气啊。只是一件衣服嘛，我知道是姐姐一时生气才说给皇上的，我又怎么会生气呢?”

阿娇命宫女打开坛子道：“妹妹，这一坛参汤和一碗雪莲羹给妹妹补补身子，就当是姐姐赔不是了。”

子夫道：“姐姐哪的话啊，这叫我怎么好受呢。”

阿娇笑道：“你是有身孕的人，这人参可是大补啊，还有这天山雪莲更是奇物，有补血益气的功效啊！你快趁热喝了吧。”

阿娇便倒了一碗出来，子夫推辞不过便顺着阿娇喝了下去。

阿娇看到子夫喝完了参汤和雪莲羹，放心地道：“好，那我就不打扰妹妹休息了，我就先回去了。”

子夫道：“外面风大，姐姐慢走，我就不方便送了。”

看着阿娇走后，子夫吹熄了灯睡在床上。

等到了半夜之时，子夫感到不对劲。肚子里一阵绞痛，好像针扎一般。子夫疼得忍不住一阵呻吟，宫女忙赶来询问：“娘娘，你怎么了？娘娘你等等，我去找太医来！”宫女飞奔而去。子夫不久便失却知觉。

等到她再睁开眼时，只见皇上守在床边。皇上问道：“子夫，怎么样啊?”

子夫强笑道：“皇上你来了，我没事的。别担心。”

皇上问着诊断完毕的御医道：“怎么样太医？是不是那次的蛊毒没有解啊?”

太医摇头道：“回皇上，胎儿怕是保不住了。”

皇上抓住了太医的衣领问道："你说什么？"

太医战战兢兢地道："皇上！卫夫人的孩子流掉了。"

皇上怔住了，喃喃道："孩子，流掉了？"而后双目赤红地问道，"到底是为什么？"

太医道："这个不大清楚，你该问一问卫夫人。"

子夫听到了这个消息后，如晴天霹雳一般。此时已是泪流满面，如同失了魂儿一般，呆呆地半躺在床上。

皇上握住了子夫的手问道："子夫，你告诉我到底发生了什么事？"

子夫哭道："臣妾不知道啊，只是在临睡前阿娇姐姐来了，送了一钵参汤和雪莲羹。难道——"

皇上大怒道："来人，把皇后给朕找来！"

不一会，阿娇便到了未央宫。

皇上气冲冲地道："看看你做的好事，你这个女人的心还真是比蛇蝎还毒啊！"

阿娇问道："怎么了？出了什么事？"

皇上冷笑道："你还挺能装的啊！为了一个孩子至于如此吗？你是不是在这参汤里下了什么毒？"

阿娇翻了一眼道："反正太医也在这儿，皇上大可以让太医检查检查。看看我到底有没有在汤里下毒！"

皇上命令道："太医，你给我检查清楚了。如有差池，朕斩了你！"

太医慌忙来到桌旁，仔细检查了这剩余的汤药。回禀道："皇上！

这参汤和雪莲羹确实无别的药物。”

皇上道：“什么？没有什么？你真的检查清楚了吗？”

太医跪倒在地道：“皇上，臣以人头担保，这汤里着实无药，千真万确！”

皇上喃喃道：“那是为什么呢？”

阿娇慢慢走到了子夫床前，坐下安慰道：“子夫妹妹，你想开点儿吧。这是大家都不愿意看到的，我也很难过啊！”

子夫哭道：“姐姐，我的孩子——！”

阿娇起身道：“你就想开点吧，好好休息啊！皇上，若是没什么事儿的话，那臣妾就告退了！”阿娇便带着宫女缓缓走出了未央宫，嘴角不自觉地浮现出一抹神秘的笑意。

皇上闭着眼睛，呆呆地坐在桌子旁，用手撑着额头，脸色苍白。

此时天色已经蒙蒙亮了，一丝霞光射了进来，投影在皇上的脸上，更吓人了。

皇上摆摆手道：“你们都下去吧，朕想静一静！”

众太监宫女还有御医都退了出去。

子夫哭道：“皇上，咱们的孩子——”

皇上走到床边，用手抚摸着子夫的脸庞苦笑道：“孩子没了咱们还可以再有，只要你没事就好了。”皇上将子夫拥入怀中。

子夫闭上了双眼，将头深深埋在皇上的怀抱中，泪珠儿还在从眼角流出。

相如的重大发现

皇上颓废地歪坐在龙椅之上，左手中的书简不断地敲打着桌案，右手则托着脸颊呆呆地出神。

皇上并未察觉相如已经走进门内，相如轻声唤道："皇上，皇上！"

见皇上仍在出神，相如上前轻咳了一声。

皇上立刻魂归窍里，书简也掉在了地上。

皇上道："相如是你啊，你怎么来了？"

相如问道："不是皇上叫我来的吗？您怎么了？"

皇上道："瞧我这记性。我都给忘了。"

相如道："皇上请节哀，卫夫人的事我也知道了。请您以身体为重，不要过分难过了。"

皇上叹道："只是事情来得太突然。朕的心情你知道吗？就好像是一盆冰水自头顶上浇下来，浇得我的心也凉了半截。这感觉——"皇上右手猛拍龙椅扶手。

相如上前劝道："算了，皇上别再伤心了。事情已经无法挽回了！"

皇上起身道："司马爱卿，陪朕到御花园散散步吧。朕想去走走，散散心。"

于是相如与皇上一起踱步到了后花园。

忽然两个宫女抱着只猫从草丛中出来。

"不知怎么搞的，这只猫也流了产。本还想着下猫崽子呢。"一个抱猫的宫女惋惜道。

"那次我给它吃了剩下的参汤和雪莲羹。"抱猫宫女忽然不解地说道，"难道是怪那汤啊！那可是宝物啊，你想喝还喝不上呢！"

另一个宫女笑骂道："可别胡说，我可听说了咱们的卫夫人就是喝了那汤流了产，你这张毒嘴啊！"

抱猫宫女悄声道："是啊，说来也巧，这皇后娘娘刚送来了参汤，就在那天半夜里，孩子掉了。这是奇怪啊！"

另一名宫女道："可是太医已经检查了这参汤和雪莲羹，都没什么问题啊？"

抱猫宫女道："谁知道呢，可能是卫夫人的命不好吧。"

二人从草丛中出来正碰到皇上与相如，赶忙跪下请安。刚好这一段话被皇上与相如给听得个一清二楚。

皇上与相如叫住了这两个宫女。

皇上问道："你们刚才说的什么？"

宫女道："回禀皇上，奴婢刚才正在谈论这只流产的猫。不知怎么就流了。还有几个月就生了，怪可惜的。”

相如问道：“什么，猫也流了产？”

抱猫宫女道：“是啊，今天就给它喂了点剩下的参汤和雪莲羹。”

相如打断她道：“你说什么？那只猫也喝了参汤和雪莲羹吗？”

宫女道：“是啊。”

相如又问道：“那你是什么时候喂的？”

抱猫宫女道：“嗯，大概是一盏茶的工夫前。”

相如想想又问道：“是不是这参汤和雪莲羹都喂了？

宫女答道：“是啊，我看倒了也是倒了，怪可惜的！所以都给这小家伙儿吃了，谁知道——”

相如猛地对皇上道：“皇上我知道了！”

皇上一脸迷茫地问道：“什么？”

相如解释道：“我知道卫夫人的凶手是谁了！”

皇上惊问道：“谁？”

相如拉着皇上道：“皇上跟我来吧，咱们去未央宫。一会你就知道了。”

相如又安排抱猫宫女道：“你去把那剩下的参汤和雪莲羹拿来。”转而又安排另一名宫女道：“你去把皇后娘娘请来吧，就说有事要在未央宫发生，顺便再让她再拿些人参和雪莲来。”

两个宫女领命各奔去了。

皇上迷惑不解地问道：“司马爱卿，你这葫芦里到底卖的什么药啊？把我给整糊涂了。”

相如笑道：“皇上您就等着看吧，待会就会真相大白，凶手自现了。”

二人双双来到了未央宫。

子夫正躺在床上休息，看两人都来了，便奇怪道：“皇上，司马大人，你们这是？”

皇上道：“子夫你别起来了。相如说要抓住凶手，你等会就知道了。”

相如作揖道：“打搅了卫夫人，只是相如要帮卫夫人惩拿真凶，所以等会您别出声，只看着便好了。”

不一会，未央宫中已到齐了人。只听一声报道：“皇后娘娘到——”

阿娇问道：“怎么回事儿啊？怎么这么多人啊？”

相如向皇上屈膝跪求道：“还请皇上在此间让我做主。”

皇上道：“嗯，只要你能找出真凶。朕就让你做一切的主。”又向宫中众人下令道：“现在司马大人的号令就是朕的旨意，你们照办就行了。”

相如命令一个太监道：“你去找一只怀孕的猫来。”

太监迟疑道：“这——”

皇上瞪了他一眼，太监只好照办。

相如又对阿娇的宫女道：“麻烦你去把皇后娘娘带的人参和雪莲煎成一碗，记住要一起煎啊！”

宫中众人也在议论纷纷。

阿娇一抬头正碰着相如笑看着阿娇，阿娇的脸色不由自主地紧了下来，她并不知道这相如卖的是什么关子，只觉得有什么事情要发生。

不一会儿，太监抱着只待产的母猫进来了。而与此同时宫女也将参汤混合着的雪莲羹端了进来。

相如命令道："现在，就把这碗参汤雪莲羹喂给这只猫喝吧！"

宫中众人皆是一惊。他们更不知道这相如到底是要干吗，只是觉得这样也太糟践东西了。

阿娇拍案怒喝道："大胆！好你个司马相如！本宫好好的千年人参和天山雪莲你竟敢喂给一只畜生，你这不是暴殄天物吗！本宫已经不耐烦看你玩这么久了！你是不把本宫放在眼里吗？"

相如笑道："不敢不敢，微臣只是奉了皇上之命，查出那致使卫夫人流产的真凶，皇后娘娘不必紧张？"

阿娇怒道："本宫会紧张吗？"

皇上挥手道："阿娇你就让他查吧，只要能找出凶手就行。相如你快点吧。"

阿娇气呼呼地坐下。

众人看着那太监将一碗参汤雪莲羹喂给了猫。

等了大概一盏茶的工夫，只见那母猫开始挣扎和抽搐。众人都是瞪大了双眼看着这一幕。又过了一会，母猫的后面开始流出血迹。

众人都忍不住惊呼了一声！原来这人参汤和雪莲羹混在一起，竟然是堕胎药！

正当众人被眼前的一幕惊得目瞪口呆之时，相如对众人道：“大家都看到了，这参汤和雪莲羹都是极品补药，人间难找，并且无一点毒性，所以就连御医也没看出个端倪。可是，正如大家刚才所见，一旦两种药材混合在一起就是彻彻底底的堕胎药，这只母猫就是最好的证据！这也证明了为什么卫夫人自从喝了皇后娘娘所送来的参汤和雪莲羹就一下子流了产。所以凶手就是皇后娘娘！”

阿娇自知有罪，听了这些话后一下子瘫倒在地上，跪在地上哀求道：“皇上！皇上！臣妾该死，臣妾也是一时糊涂，所以才干出了这种傻事，请皇上饶过我吧！我宁愿让出皇后之位。”

皇上闭上双眼，沉痛地道：“阿娇！真没想到，你竟然会干这种事，你也不用再求饶了，你这是犯了滔天大罪！别以为朕不知道，上一次的巫蛊之事就是你指使的！对不对！朕只是念在你是皇后，所以才睁一只眼闭一只眼，可没想到你竟然这般得寸进尺！来人啊！把她的凤冠卸下，打入冷宫！”

侍卫领命上前抓住了阿娇的左右手，阿娇泪涕俱下苦苦哀求。

一声喝声从门外响起：“住手！”

只见公主刘嫖慌慌张张地闻讯赶来，刘嫖制止住侍卫，向皇上哀求道：“皇上这是干什么啊！”

皇上叹道：“姑母，你这次再求也没用的。阿娇她三番两次地谋害子夫，上一次我已经给过她机会了。可是她还不知收敛。这次好了，终于让她得逞了，好了，这次没人跟她争了！”

刘嫖哭道：“皇上难道忘了金屋藏娇之事了吗？”

皇上冷笑道：“什么金屋藏娇！都是骗人的鬼话罢了，你就不要再求情了！朕意已决！”

阿娇哭道：“皇上，臣妾知错了！臣妾知错了！”

皇上转过头，狠心道：“拉出去吧，我再也不想看到你了。”

侍卫在阿娇的哭喊声中将她拉出宫外。

子夫此时已经惊呆了，她万万没想到，阿娇竟然想置她于死地，那昨天送来的补药竟是堕胎药！

一场闹剧便如此草草收了场，不过这段事儿也在大汉皇宫中疯传了好一阵子。

一个头发凌乱、衣衫不整、容貌俏丽的夫人呆呆地坐在地上，口中喃喃自语，没人知道她在说些什么。

皇上与相如站在门口看见了这一切。

相如道：“皇上，看来阿娇皇后已经快要疯了。”

皇上面无表情地道：“这是她自作自受，害人终害己！”

相如叹了一口气，不再说什么。只呆呆地看着面前的阿娇跪在地上疯笑着。

阿娇看到了皇上与相如，赶忙扑到皇上面前抱住了他的腿，哀求道：“皇上！臣妾谢谢你赐给我这么好的宫殿！我太高兴了！你也来住住吧，我看那个贱人还怎么跟我争宠！”

皇上闭紧双目，猛地挣脱开来，对相如道："走吧！"

二人便出了冷宫，卫士忙锁上了大门。只留下阿娇趴在地上又哭又闹，可却无一人回应。在冷宫里，哪怕一个再正常的人最终的下场只是变成一个疯子！

长乐宫大殿之上，皇上高高坐在龙椅之上，右手边正是卫子夫。殿下的文武百官分两边手执笏板齐齐而站。

皇上道："诸位爱卿，想必都听说皇后下毒之事了。朕已把她给废了，打入了冷宫之中。"大殿之下群臣议论纷纷。

皇上接着道："皇宫不可一日无后，朕决定了，立卫夫人为皇后。众位爱卿可有异议？"

忽然一声异言："皇上，万万不可啊！这卫夫人乃是歌伎出身，而皇后需得母仪天下，要是让卫夫人做了皇后，那岂不让天下人笑话？请皇上三思啊！"

皇上辩驳道："难道出身好的就真的好吗？阿娇皇后就是个例子！好了，朕意已决！今日就立卫夫人为皇后，如有异言者斩立决！"

殿下遂再无异言。众大臣均异口同声道："皇上圣明！"

皇上道："退朝！"

第六章 梦方醒，为爱而歌《白头吟》

司马相如发迹后，渐渐耽于逸乐，日日周旋在脂粉堆里，他们的婚姻也几次陷入困境，直至欲纳茂陵女子为妾。卓文君忍无可忍，因此作了一首《白头吟》，呈递司马相如，表示她的愤怒。

为爱愤作《白头吟》

司马相如不光是个风流雅士，才华出众，而且还是个男人，他终究逃脱不了男人的本性，逃脱不了一个男人在红尘世界中所受的诱惑。俗话说：“饱暖思淫欲，饥寒起盗心。”在他年逾知命之年，还时常周旋于脂粉堆里。对这一切，卓文君还是含痛忍受，直到后来司马相如想要纳一位茂陵女子为妾，文君才在忍无可忍之际，含悲带愤写出了那首著名的《白头吟》，在诗中她这样写到：

皑如山上雪，皎若云间月。
闻君有两意，故来相决绝。
今日斗酒会，明旦沟水头。
躞蹀御沟止，沟水东西流。
凄凄复凄凄，嫁娶不须啼。

愿得一心人，白头不相离。

竹竿何袅袅，鱼尾何簁簁！

男儿重意气，何用钱刀为！

并附书：“春华竞芳，五色凌素，琴尚在御，而新声代故！锦水有鸳，汉宫有水，彼物而新，嗟世之人兮，瞀于淫而不悟！”

随后又补写了两行：“朱弦断，明镜缺，朝露晞，芳时歇，白头吟，伤离别，努力加餐勿念妾，锦水汤汤，与君长诀！”

这首诗表达了卓文君对爱情的执着和向往，以及一个女子独特的坚韧和坚定，也为他们的爱情故事增添了几许美丽的哀伤。

也正是这首诗，让心猿意马的司马相如看了再次悔恨不已，回想起当年二人患难相随、柔情蜜意的种种好处，更为卓文君的聪明才智和纯贞爱情所感动，所以才回心转意，夫妇又过起了幸福生活。

“皑如山上雪，皎若云间月”，文君向往的爱情就像山上的白雪、云中的皎月一样神圣纯洁，渴望“愿得一心人，白头不相离”的美好，哪容司马相如一而再再而三地亵渎。是故，“闻君有两意，故来相决绝”“锦水汤汤，与君长诀”是她对司马相如欲纳妾的回应。结果司马相如彻底悔悟，断了纳妾的念头。后来两人安居林泉，恩爱到白首。

文君敢爱敢恨，拿得起放得下。当初只为一曲琴音便私奔司马相如，不计较他家徒四壁，当垆卖酒；后司马相如欲纳妾，又作决绝语讽之，不惜以决裂来成全爱情的完整。司马相如与卓文君的爱情故事是中国罕见的典型：一个自主、为自己负责的女人，最终得到了她所要的爱与人生。“雪夜私奔”“当垆卖酒”“白头兴怨”被传为千古佳话。

品味卓文君和司马相如的爱情故事本身就是一种美的享受。虽然他们的爱情故事不免落入人性固有劣根性的陷阱，让人感到原本神圣的爱情蒙上抹不去的污点，不甚圆满，煞是遗憾。但也许正是因为这种不完美，使得他们的爱情故事体现出一种缺憾美。

后来司马相如得了消渴之症，先文君去亡，文君为之寡居。说起来也很悲伤。但是不管怎么说，两人的结局应该已经算是十分美满了。两人的青春年华、如花岁月基本上是在两情相悦、琴瑟谐好的时光中度过的，所谓“在人间已是巅，何必要上青天”。所以，后世的才女才子们无不盼望自己能成为卓文君、司马相如这样的人物。

凤去凰求，佳话背后露心酸

俗语有云：西汉文章两司马，其一司马迁，其二司马相如，能与著名史学家司马迁齐名，足见司马相如文赋造诣之高，可是知否，在这位才子的文才背后却也有着那么一段佳话，一曲《凤求凰》曾谱写出多少人的心中爱慕，道出了多少人对佳人的热切追求，而此曲也至今仍为世人所称道。

一首《凤求凰》让两个人互相产生爱慕。

可是两人的结合却遭到了卓文君父亲卓王孙的坚决反对，而向来叛逆的大小姐卓文君便做出了让人吃惊的举动：和司马相如私奔。

私奔离家的生活对于卓文君来说并不好过，当其面对司马家家徒四壁的情景，不得不选择自己动手操持家务，并且选择当垆卖酒以维持生计，当时的这种做法对一个女子来说是有失体统的，可是卓文君毫不顾忌，毅然决然。后来卓父为顾及情面，不得不将女儿女婿接回家来，可是夫妻二人依旧笑对清贫，自谋生计。

也许对于大家来说，那一曲《凤求凰》早已经将两人的故事传为佳话，可是两人的生活到底如何呢？真的像我们想象的那般美好吗？

两人的感情也曾出现危机，也曾走到爱情的边缘，要不是卓文君的真情打动，恐怕这一段佳话早就成为了笑话。在我们的观念里才子总会有一个固定的形容词，那就是风流，司马相如也不例外，因为他的种种举动，那段佳话也曾摇摇欲坠。第一次感情危机，“纳妾风波”。是金子总是会发光的，司马相如的确是货真价实的才子，所以最终得到了汉武帝的赏识，开始走上了官宦之路，可是官场横流，不免沾染贵族习气，司马相如也无法逃脱，当面对那些显贵达人妻妾成群，向来风流的才子不禁也动起了私心。要不是当时卓文君一曲真情的《白头吟》，恐怕两人的感情神话早已经不在，而司马相如也只是在想起两人同甘共苦、相互相持的日子时，因内心愧疚才没有决裂两人的感情。但是这里已经显示出，即使是如此有才有情的卓文君也无法拴住司马相如那一颗多情的心。恐怕才子的风流早就漫天飞地的寻花问柳了。才子的文采可以为世人所津津乐道，而并不是所有的才子最终都能成为谦谦君子。

司马相如和卓文君还有第二次感情危机——“离婚未遂”。发迹后的司马相如可谓是春风得意，深得汉武帝赏识，一时间成了闻名全国的大人物，因为官宦之旅，所以司马相如不得不离家赴任，而这也就造成了两人“异地分居”的局面，时间一长司马相如也就按捺不住了寂寞，而这一去五年竟然杳无音信，卓文君一人居家，独锁深闺，独自等待情郎的书信和归期，可是最后换回的却是司马相如一纸绝情的数字信件，十三个数字的家书。“一二三四五六七八九十百千万。”文君反复看信，怎能不明白丈夫的意思。数字中无“亿”，表明司马相如对她已经无“意”。而一层意思则是我们执子之手从头开始到现在，可现在环境变了，我们已经回不到起初的相爱。文君无法也只能将爱诉诸笔墨，也回了一首数字诗，用以挽回自己的爱情。

《数字诗》

一别之后，二地相悬，

只说是三四月，又谁知五六年，

七弦琴无心弹，八行书无可传，

九连环从中折断，

十里长亭望眼欲穿，

百思想，千系念，万般无奈把君怨。

万语千言说不完，

百无聊赖十依栏，

重九登高看孤雁，

八月中秋月圆人不圆，

七月半烧香秉烛问苍天，

六月伏天人人摇扇我心寒。

五月石榴如火偏遇阵阵冷雨浇花端，

四月枇杷未黄我欲对镜心意乱。

忽匆匆，三月桃花随水转。

飘零零，二月风筝线儿断，

唉！郎呀郎，巴不得下世你为女来我为男。

司马相如对自己的行为感到惭愧，觉得对不起对自己一片痴情的妻子。是卓文君这一纸回信，才最终挽回了自己的爱情。

一曲《凤求凰》，唱响千古，让多少人寸断柔肠，可是这段故事却更似一副凰求凤的样子。如若不是卓文君对爱情无比的坚贞，这段爱情恐怕最终就会以悲剧收场。

所谓的佳话，其实我们只是看到了一个让人向往的开始，和一个完美的结局罢了！可是其日日夜夜的故事你我并不知晓。

这段凤求凰自始至终都是卓文君在独自付出，而司马相如只是一味地在享受着爱情给他的自豪和后来的不屑。

我们应该知道有时候爱情不像我们想象的坚定和冷静，像司马相如，一来他可以不顾文人的君子风格，做出私奔之事，表明其并不配君子之号，充其量是个胸中有文墨的书生而已。二来他企图纳妾，满足自己的私欲。三来竟然不顾多年感情，抛家妻子，妄图离婚。而这也让我们想起了唐代大诗人元稹和薛涛的故事，两人本是浓情蜜意，而赴任回京的元稹却最终做了个负心汉，薛涛独守空闺，期盼情郎，直到死去。

我们也应该知道有时候爱情会如我们期盼的一样坚贞和执着，像卓文君吧，一来，她可以不顾家境地位的差别毅然和司马相如远走。二来，可以以文达情，劝阻丈夫的行为。三来，可以附和丈夫，挽回自己濒临破产的爱情。

其实，这所谓的佳话从一开始就不是什么佳话，从卓文君看，我们知道她肯定是一个从一而终的模范妻子，从她离家私奔的那一刻起，她就已经选择了不再回头，将自己的一生交付给自己的情郎，她敢于向传统挑战就足见其情之弥坚。而司马相如呢？无所谓君子，顶多是一个胸中有些墨水的风流才子，一个文人才子，竟能失去冷静，选择私奔，而不是用自己的行动和功名来争取自己的爱情，足见其并不为君子之行，而且毫无顾忌地私奔，并没有想过对女方的影响，他只是想到了自己的情与乐，其他只是浮云。毕竟当时他只是个穷酸书生，他可以毫无顾忌。而且如果翻身，还可能从老丈人那里得到些好处，也不是不可能。显达后的各种所作所为，就明确地表现出司马相如的动机和目的。

《凤求凰》，千古佳话，不要为这一切遮蔽了眼睛，爱情面前真的不是那么容易长相厮守，也并不是那么容易天长地久。如若想有情人相约百年只此一生，你需要做的是自己情比金坚的同时，还能拴住爱人那随时可能走掉的真心。司马相如和卓文君的故事告诉我们的也许就在于此。

文君井和相如石

在四川蓬安的白云山观音庙风景区有一口井，人们称它“文君井”，井旁有一尊奇石，叫做“相如石”。它们名字的由来，据说与司马相如和卓文君有很大关系。

司马相如偕妻子卓文君回故乡安汉，在锦屏山下老家生活了很长时间。

司马相如一生爱民如子，心里容不得半个横行乡里、鱼肉百姓的恶霸。他生平爱游名山大川，为的是积累素材，创写大赋。在遍览风景的同时也不忘了察访民意疾苦。

司马相如和卓文君曾登上白云山，在饱览秀美的风景的时候，相如总觉得美中仍不足。行走之间，妻子卓文君忽然想起一个地方，便对相如说：

“我听说此山有一名叫‘一碗水’的好所在，据说很神奇，相公可有意去观望一下？”

司马相如道：“既然有这样的地方，当然愿意和夫人一道前往。”

两人便一同去寻找“一碗水”。途中遇一老农，便向他打听去路。那老农听后连声说道：“两位千万不要到那个地方去，去了对你们没有好处。”

司马相如一听感到奇怪：“这是为什么呢？”

老农问：“相如和夫人可否听说过‘武霸天’这个人？”

司马相如问：“此人是谁？”

老农说：“看来两位有所不知，且听我说给你们听。”

原来“武霸天”乃“一碗水”所在地的一个恶霸。此人依仗自己的权势，一度霸占了“一碗水”。

“一碗水”本是一个碗大的石窝，这石窝上有一道岩缝，终日有一股浸水流到石窝，流满便止。如果有人喝水，把石窝内的水喝完后，马上又是一窝水流满，永不干涸。

这“一碗水”还有些名堂。那就是不管多热的天气，水始终沁凉如冰，肚子里吃得再油，喝了这种水绝不会拉肚子。据说此水还有一种神奇功效，人们用它洗了头发，头发白的可变黑，黑的会更亮泽。

“武霸天”家里有权有势，当然不会放过这么好的东西，几年前，他就派家丁把守住“一碗水”，不许老百姓们享用。不过这“一碗水”有点怪。自从他霸占之日起，就断水了。“武霸天”每天都要坐滑竿来喝水，可每天都干着嘴回家，没有捞到一滴水。反反复复折腾了十天半月，他始终不能如愿如偿。“武霸天”心里很气，一气之下指使家丁们把石窝砸得稀巴烂，才恨恨地离去。

“武霸天”离去没几天，烂石窝又重新有了水，并且比以前更香甜可口，老百姓每天都提桶舀水做饭。

“武霸天”听说这事，心想：八成是我占水的日子不对。所以没有水出来，这回对了。我再去把“一碗水”抢回来！待他抢回来之后，石缝又不流水了。“武霸天”就是挖地三尺，也找不到一点水。他一生气，又把烂石窝砸得不成个样子。

“武霸天”离开“一碗水”没几天，烂石窝又有了水。这回冒出来的水不仅香甜无比，而且煮出的饭香几里外就可以闻到。老百姓喝了此水，吃了水煮的饭，精神一个个好得很。

“武霸天”又听说有水了，心里不禁大为气恼：“我运气那么差吗?这回无论如何也要抢回‘一碗水’!”带着家丁如狼似虎地赶走了取水的老百姓，把烂石窝又团团包围了起来。

这“一碗水”似乎故意跟他捣蛋。“武霸天”在这里守了十几天，还是见不到一丁点水。不仅如此，周围连一点湿气都没有了。家丁们一个个干嘴唇发裂，“武霸天”一下令，石窝被砸连个形状也没有了。

“武霸天”走后，石缝里又流出清清的泉水。而且比以前的水更多，一次可供几十个人挑。老百姓不舒服的，喝一点水就没有事，擦一点水伤口就愈合了。老百姓都叫它“神水”。

这一回“武霸天”连肺都气炸了。他心里想，我一来你不出水，一走你就冒个不停，简直存心跟我过不去呀！那一帮穷鬼居然把水都喝了，叫我如何心甘？他越想越气，越气越想，一口气没顺过来，两腿一伸，死了。

卓文君问道："'武霸天'既然死了，你们不就清静了吗？为什么我们不能去看那地方呢？"

老农道："夫人就不晓得了。'武霸天'虽然死了，可他儿子'小霸天'还在呀！那'小霸天'虽然不大，可比他父亲还要恶十倍。'武霸天'死后，'小霸天'便是把石窝这个地方挖了坑把他父亲埋在这里。这几天，'小霸天'请了九九八十一个道士给他父亲做道场，不准周围老百姓走近一步，否则就杀掉。不仅如此，'小霸天'还要从周围强抓几个年轻漂亮的姑娘，给他父亲陪葬。周围老百姓这几天更是人心惶惶，生怕祸事降到自己的头上。这几天都陆陆续续往外边逃呢。相公和夫人要去'一碗水'岂不是自投虎口吗？"

司马相如和卓文君一听这话，心中不由得火冒三丈。天下居然还有这等无法无天之徒，那还了得吗？不收拾一下这个"小霸天"，老百姓不知还要受多少苦！

司马相如想了一下，便对老农说："老人家，请你转告老乡们暂时不要逃走。过几日自然有人要去收拾那个小霸天。"

司马相如和卓文君回到府中，商议如何惩治那个"小霸天"。卓文君说："这样的恶霸非得要皇上派人才行。不如修书一封，请皇上派兵除恶。"

司马相如连夜写了书信，用言真辞切的赋体写成，派人火速送至皇宫。皇上一阅，龙颜大怒，立即钦命相如为除恶首领，遣兵直上白云山。

走至“一碗水”，只见一个贼眉鼠眼、身着华丽衣裳的人正大声呵叱着一些人挖坑。周围的家丁团团围住。带队的老农对相如说：“此人便是‘小霸天’。”

司马相如便对“小霸天”大喊：“停止挖土!”

“小霸天”头也不抬，只手一挥：“给我把吆喝者拿下砍了!”

家丁们便穷凶极恶地扑了上来，要拿司马相如。随从的兵士见状，“呼啦”一下把家丁们团团围住，三下五除二就要了他们的狗命。那“小霸天”见势不妙，连忙跪下求饶，额头上的血都流了一摊。

司马相如道：“可以饶你，不过有个条件，你继续挖，挖出一口井。然后就给我远走他乡，不准再在白云山露面!”

“小霸天”只求保命，哪里敢违抗命令，直说“行行行”。赶紧找人来挖井。

一共挖了七七四十九天，井打成了，清泉又重新出现。

老百姓们见“小霸天”被收拾了，而且在“一碗水”的地方出现了“一井水”，心里别提有多么高兴，纷纷要求相如和文君先用井水才离开白云山，以表示感激和敬意。

相如和文君见盛情难却，高高兴兴地来到井旁，老百姓早为她们打好了井水。文君先尝了一口，井水果然甘甜无比。相如也尝了一口，只觉井水沁人心脾，有一种说不出的舒畅感觉。

老百姓留了相如和文君数日。每天都拉着相如和文君去井旁梳洗。文君每次梳妆时，相如就坐在老百姓们为他搬来的一块石头上观看。如此过了些日子，相如和文君便辞别众人，回去复命。

为了纪念相如和文君，老百姓便称这口井为“文君井”，称相如坐的那块石头为“相如石”。这就是“文君井”和“相如石”的由来。

另一个版本的相如文君的故事

唐代大诗人杜甫客居成都草堂的时候，游览了司马相如的琴台遗迹，写过一首有名的五言律诗，题为《琴台》。他写道：

茂陵多病后，尚爱卓文君。
酒肆人间世，琴台日暮云。
野花留宝靥，蔓草见罗裙。
归凤求凰意，寥寥不复闻。

他肯定了司马相如和卓文君的自由婚姻，肯定了他们的爱情老而弥笃，称赞了他们的爱传遍人间，遐想着天空的暮云还保留了他们的琴音，他看着眼前的野花、蔓草，也仿佛是卓文君的宝容、罗裙，他叹息封建礼教的压力越来越大，九百年前反映婚姻自由的恋歌——《凤求凰》

如今再也听不到了，因而引起了诗人无穷的感叹。

的确，司马相如和卓文君的自由婚姻故事，是公元前2世纪一个反对父母之命，媒妁之言的惊世骇俗的故事，故事的始末究竟是怎样的？

“梆——梆——梆”沉闷的柝声划破了深夜的沉寂，在空中久久回旋。

快落山的下弦月斜挂天边，似乎留恋地望着人间。草丛中不时传来蟋蟀的叫声，清脆悦耳。

在夜色的笼罩下，临邛这座蜀郡古城，显得分外宁静。

全城人几乎都进入了梦乡，卓家大院的文君小姐今晚却迟迟未睡。

文君精通音律，今天中午，父亲卓王孙设宴招待成都才子司马相如，文君在珠帘内偷看了他，果然是一表人才，而且琴也弹得很好。他弹的《凤求凰》，深夜还在文君耳边低回。

哼了一遍又一遍，她那17岁的芳心，从出嫁不久，迅速守寡以来，本来早已冰结，而现在，却被这充满炽热爱情的歌声融化了。

这位秀外慧中的小姐，把曲子推敲了许多遍，忍不住还要去想，她要从中去吮吸爱情的蜜汁，去捉摸司马相如的弦外之音。

她想：“‘凤兮凤兮归故乡’，这个‘凤’指的谁呢？不就是司马相如自己吗？”

“‘游遨四海求其凰’，是说他到长安做过武骑常侍，又到梁园（今河南开封）做过梁王的门客，游历过许多地方。‘凰’是雌鸟，一定是在比喻配得上他的姑娘。这一句是他在表白自己的宦游，一半儿为了扩大文学修养，一半儿也为了寻觅一位理想的配偶。”

想到这里，文君不由得暗暗点头，确信自己猜得不错。

“有艳淑女在闺房”，文君反复吟味：“这不就是指我吗？”文君对于“有艳淑女”这一称赞，并无受宠若惊之感。她曾隐隐约约听见过别人夸自己，“眉如远山，脸若芙蓉，肌若凝脂”，故“有艳淑女”的称赞毫不过分。虽然如此，一个陌生男子这样称赞自己，也使她在骄傲之余，不免有点儿羞涩，以致脸颊上泛出了红晕。

接着，文君默念了“室迩人遐毒我肠”七个字：“啊！我与他只有一墙之隔，虽然近在咫尺，却如远隔天涯。”想到这里，文君低头暗忖：“莫非他已经察觉我就在窗内听他弹琴吗？”

接着，她又念了下句：“何缘交颈为鸳鸯。”“这不是明明白白地说要同我结为夫妻吗？”文君不由得甜蜜地笑了。

略顿了顿，又接着暗念第二段：“凰兮凰兮从我栖。”“我知道了”，文君会意地点了点头，“他在帮‘凰’作答！这个‘凰’，当然是我，他认为我两人同凤与凰一样，应当结为夫妻。”

文君心里翻腾着柔情蜜意。“得托孳尾永为妃”，她想：“《春秋左氏传》上说：‘佳偶日妃，怨偶日仇’，他说我两人应当成为佳偶，永不分离。‘交情通意心和谐’这句，是说我两人婚后的生活一定很美满。”顿时，一股暖流流遍了全身。

接着：“中夜相从知者谁？”“中夜”，不就是半夜吗？文君仔细地思索着。“相从”，是叫我到他那儿去。“知者谁”，是叫我一个人去，不让别人知道。

文君自信她对全诗的理解准确无误，她的心不由得怦怦地跳了起来。她又兴奋，又紧张。能得到这位海内知名才子的爱，是她从来不敢希冀的；但同时，相如这突如其来的大胆要求，也使她感到十分为难。她回想过去：父亲把自己许配给一个商人的儿子，他花天酒地，不到半年就死了。如今，父亲又准备把自己许配给同县人程郑的儿子，也是个平庸的商人子弟。

“怎么办？是去投奔司马相如，还是在家听天由命，等着嫁给商人的儿子？”文君心里不由得焦急起来。她知道，司马相如正在都亭等待自己，现在已经过了“中夜”，鸡快叫了，再不作出决定，必将含恨终身。

一弯下弦月缓缓西沉。“快做决定吧！”但一想到离家之后，父亲痛苦而愤怒的脸色，旁人的嘲笑与非议，文君就像被一盆冷水从头上淋了下来，心又凉了。

“私自出走，以后怎么见人！”

“不走怎么办？遵从父命，嫁给程家那个平庸的商人子弟吗？”

她的心被碰撞着，撕裂着……

突然，眼前仿佛出现了程家富子讨好的谀笑，文君心里不由得一阵厌恶。

“不，决不嫁给他！”

文君霍地站了起来。司马相如！那目光多么深情，风度多么潇洒，他好像一块磁铁，把文君紧紧地吸引住了。

文君慢慢向窗前走去，仿佛都亭就在前面。夜风吹拂着她丝一般柔和的秀发，微有凉意，文君不由得打了一个寒噤。她自言自语地说："爹爹的责难，旁人的非议，算得了什么？我还年轻，我不能坑害自己啊！"

鸡叫了，文君知道临邛县的城门开了。她下意识地向窗外望了望，黎明前的黑暗和寒意笼罩着大地，花园内的花草模糊不清。

"快走吧！等会儿天就亮了。"

文君卸下满头珠翠，抓一条黑纱蒙在头上。后花园的角门从来不上锁，她轻轻拨开门栓，侧着身子出了门。卓家大院距城门不太远，一出城文君如释重负。轻轻嘘了口气，再定一定神，便向都亭走去。

这条路，以前同弟弟们带着婢女到附近小山打猎玩耍时，是走过的。可今天是孤身一人，天那么黑，四周又那么静，却不免有些害怕起来了。但是，新的生活憧憬吸引了她，司马相如占据了她整个心房，给了她无限的勇气！都亭离城门只有几百步，文君小姐很快就走到了。她在门前立定，侧着耳朵细听，似乎有人在轻声歌唱：

凤兮凤兮归故乡，游遨四海求其凰。

"哦，原来他也没有睡！"文君强按着跳动的心房开始叩门。司马相如断定是文君小姐。门启处，果然见一人揭了面纱，亭亭玉立。他喜出望外地说："小姐请进，小姐没带侍女同来吗？"

文君只含笑念了一句："中夜相从知者谁？"并忙说："时候不早

了，快走!”一句话提醒了相如，急忙吩咐车夫套车，快马加鞭赶回成都。

天，渐渐大亮了，文君的心，像骏马一样飞驰在临邛到成都的驿道上，她觉得自己像换了个人，不再是从前的深闺弱质了。

她贪婪地观赏着车窗外一闪即逝的景物，蓝色的天空多么辽阔，五彩缤纷的朝霞多么娇艳，驿道两边的青松翠竹多么富有生气。她想：“那松竹能傲雪凌霜，永不凋残，我对相如的爱，也要像那松竹一样，任凭风吹雨打，决不改变。但不知他的心是否和我一样？我要试他一试。”

马车到了江原，天色已晚，司马相如吩咐车夫在驿站门口停下。他搀扶文君下车，进入驿站。驿站长见司马相如是做过官儿的人，上次在这儿住过。这回带个美人儿来，肯定是新娶的夫人了。不敢怠慢，马上把司马相如和文君小姐安排在上等房间里住下。相如与文君像夫妇一般，坐在地铺上相视而笑。文君欲言又忍的神情被相如发觉了，因急忙说：“小姐有何心事，何不直言？”文君见相如态度诚恳，试探地说：“《周礼》规定：‘聘则为妻，奔则为妾’，贱妾仰慕相如，私奔前来，没有经过父母之命，媒妁之言，不知长卿何以相待？”司马相如不假思索地回答：“情之所钟，正在我辈。礼是为凡人设的，我辈何必拘泥？什么聘呀、奔呀，都是爱情以外的东西，只要小姐有真情，相如粉身碎骨，决不相负。”文君嫣然一笑，说：“既然如此，贱妾当以微躯相托，直到海枯石烂。长卿，今后不要再喊我小姐，只叫我文君就行了。”接着，两人依偎着进入了梦乡。

天明，马车载着相如、文君继续前进。涉过岷江，太阳西偏时，就到达成都了。

成都，是张仪入蜀时开始建设的一座城市，二百年来，果然日益繁华，成了蜀郡政治经济中心。文君从车上向外望去，只见江流碧绿如玉，清澈见底，街市笼罩在绿树丛中，隐约可见高挂的酒帘。一阵清风过处，花香沁人肺腑，不由得精神为之一振，忘记了旅途的疲劳。马车在市桥附近停了下来，相如把文君扶下了车。

文君举目四望，这一带虽在城内，人烟并不很密，竹林中有一所院落，粉白的围墙，中间开门，门板上的红漆已经脱落，但也还是上等人家气派。文君暗想：这儿就是我的家吧？我将和他终老在这个院落里面。这时，马儿嘶叫一声，院门大开，一个十五六岁的小僮仆走出门来迎接相如和文君。马夫已经利索地把马儿牵回槽栈喂料去了。相如拉着文君的手，向正房走去。

正房两边也有厢房，但门窗都很旧了，阶沿上长满了青苔。正房一大间，但屋内可说是“家徒四壁”。地铺前有一张长方形的几案，案上放了一张七弦琴；右边空地上有一张书案，堆着一大堆竹简，也有几卷帛书，左边墙上挂着一柄宝剑。陈设表明：它的主人应是文武全才，比之卓王孙家里的珠光宝气倒脱俗多了。

相如和文君并坐在地铺上，小僮仆送来一坛黄酒，是郫县特产。相如说：“现在是黄昏时候，我们来行个合卺之礼吧！”他把自己的酒碗和文君的酒碗交换着喝，算是行了婚礼。

文君脉脉含情地望着相如，似乎毫无睡意。相如握住文君的小手，轻声对文君说："我这样'家徒四壁'你感到奇怪吗？"文君含笑说："正想问你，你的马车很漂亮，为什么房间里的陈设这么简单？"相如回答道："我家原来也很富足，父母去世后，我才发愤读书，想做个屈原、宋玉一样的人物，又想找一个称心如意的妻子，不愿和庸俗的女子结婚。好友杨得意出主意，叫我捐钱买个官来做，就可以到京城和其他大地方游历。我听从了他的建议，倾家荡产，到朝廷去买了一个官儿，叫做'郎'，后来还升了武骑常侍，不过是天子的侍卫人员而已。孝景皇帝又不喜欢文学，我这个文学之士有何出路呢？适逢梁孝王来朝见皇帝，他喜欢文学，邹阳、枚乘这些名士都在他身边，我就抛弃了这个小官，跟他到梁园当门客去了，而真意是想看看能否找到一位称心如意的佳偶。不料梁王一死，门客尽散，我也'倦游'回到成都。这次偶然到临邛看望友人王吉，听人说你是位少有的才女，且精通音律，于是借到你家赴宴的机会，弹琴向你求爱，未免高攀了。"

文君娇嗔地说："长卿说哪里话，我家祖先原是赵国人，秦始皇灭了六国，把富商们驱逐到边远地区，吞没了我家财产，从此流浪到临邛，经营冶炼业。传至父辈，虽然富比王侯，但汉天子重农贱商，商人不准穿文绣、乘高车；而你却是海内知名之士，处处受人尊重，我还怕配不上你。"一席话说得相如心里乐滋滋的，忙搭讪道："夫人，说到哪里去了。"

文君听见相如称自己为“夫人”，顿时羞红了脸，半晌，含笑戏问相如道：“长卿，你以前可曾娶过夫人？”

相如一怔，急忙分辩道：“长卿从来未曾娶妻。”文君笑道：“你在《凤求凰》中说‘游遨四海求其凰’，走了那么多地方，未必连个称心如意的人儿都没有遇着呀？”相如笑道：“有是有，在那里面，夫人请看。”文君朝相如指着的一堆竹简走去，她捧起编好的竹简一看，上面题着《美人赋》几个字，文君细细地往下看去，只见里面写道：

司马相如美丽闲都，游于梁王，梁王悦之。邹阳谮之于王曰：“相如美则美矣，然服色容冶、妖丽不忠，将欲媚辞取悦，游王后宫，王不察之乎?”王问相如曰：“子好色乎?”相如曰：“臣不好色也。”……“……臣之东邻，有一女子，云发丰艳，蛾眉皓齿，颜盛色茂，景曜光起。恒翘翘而西顾，欲留臣而共止。登垣而望臣三年于兹矣。臣弃而不许，窃慕大王之高义，命驾东来。途出郑卫，道由桑中。朝发溱洧，暮宿上宫。上宫闲馆，寂寥云虚。门阁昼掩，暧若神居。臣排其户而造其堂，芳香芬烈，绣帐高张。有女独处，婉然在床。奇葩逸丽，淑质艳光。睹臣迁延，微笑而言曰：‘上客何国之公子，所从来无乃远乎?’遂设旨酒，进鸣琴……皓体呈露，弱骨丰肌。时来亲臣，柔滑如脂。臣乃脉定于内，心正于怀。信誓旦旦，秉志不回。翻然高举，与彼长辞。”

文君一口气读完《美人赋》，随即赞道："长卿不愧为海内名士，这篇赋构思奇妙。用词典丽，可惜不真实，你是模仿宋玉的《登徒子好色赋》而作。虽写得好，仍是走在古人的后面，缺乏创造性，未免有负长卿的长才啊。"相如故作惊诧地问："夫人读书甚多，瞒不过你，这不过是早年练习写作的旧文章，未免贻笑大方了！"

文君见相如才华横溢，而又如此谦恭，不由深心暗喜。相如见文君盈盈含笑，眉宇间柔情万种，不觉魂飞魄荡，不能自已，一把抱住文君，激动地说："文君，只有你才配做我的夫人。"

文君紧紧地依偎着相如，沉浸在无限的幸福之中……

文君和相如的新婚生活过得很快乐。一天，文君笑着问相如："长卿，听说你的乳名叫犬子，是不是？"相如惊异道："不错，夫人何以得知？"文君娇嗔地道："你是本地长大的，邻居都知道！但不知公婆何以替你取了这样一个名字？"相如笑着回答："我小时候喜欢击剑，不喜欢读书，父母亲给我取名犬子，兼有责备和疼爱的意味。"文君又问："那么，'相如'这个名讳是怎样取来的呢？"相如叹道："父母去世之后，我立志读书，想做个出色的人。因羡慕战国时的赵人蔺相如，就替自己取名为相如，希望效法前贤，报效国家。"相如顿了顿，又长叹一声："可惜我至今一事无成啊！"文君急忙劝慰道："你已经名满天下，来日方长，凭你的才学，将来定会被朝廷重用的，你急什么呀！"相如转忧为喜，抚着文君秀发，深情地望着文君，说："看到你，我心里就什么忧愁都忘了，还急什么呢？"

文君嫣然一笑，指着案上一捆竹简道："刚才我读了那一篇文章，只觉腴词云构，夸丽风骇，不知为何人所作？"相如笑道："夫人，那篇赋叫《七发》，是好友枚乘所作。"接着又说："枚乘，又叫枚叔，也是当今名士，写辞赋的高手。最初在吴王刘濞那儿做郎中，后来吴王想造反，他上书劝谏，吴王不接受，他逃到梁王那儿。我做武骑常侍时，他与邹阳、严忌陪同梁王来朝见天子，我们一见如故。后来，我到梁园，和他终日讲论文章，颇为相得。那篇赋，就是枚乘当时所作，我用竹简抄了一份带回家来，时时吟诵，也觉神清气爽。"

相如随即同文君展开竹简，指着上面一段文字，给文君看，说："我最欣赏这一段描写海涛的词句。"信口吟道：

其始起也，洪淋淋焉，若白鹭之下。

其少进也，浩浩皑皑，如素车白马帷盖之张。

其波涌而云乱也，扰扰焉如三军之腾装。

其旁作雨奔起也，飘飘焉如轻车之勒兵。

文君一面看，一面听，听罢，笑道："这段果然写得好，真令人有奇观满目，音声盈耳之感。"

相如顺手取出另一卷辞赋，对文君说："我读了《七发》，感受很深，也写了这篇《子虚赋》，你可曾读过？"文君笑道："你的《子虚赋》很有名，有人抄了一份到临邛来，索价五百金，父亲知道我喜欢辞赋，就替我买下了，我读了之后很感兴趣。你假设子虚出使于齐，向乌有先生夸耀楚王在云梦游猎的盛况非齐王所及，乌有先生不服，加以诘难。于是乎详述汉天子在上林苑打猎的壮观场景，卒章归于节俭，暗含讽谏，结构方法和《七发》真有异曲同工之妙。但《子虚赋》的讽谏意义超过了《七发》，可惜当今天子没有见到。”

相如感动地说：“文君，你不仅在音乐方面是我的知音，在辞赋方面也是我的知己啊!”

天渐渐暗了下来，一轮明月从东方升起。二人并肩赏月，相如望着圆月柔情地说：“文君，你看月亮多么圆，愿你我夫妻如明月一般，永久团圆。”文君深情地瞥了相如一眼，道：“月亮也有缺的时候，哪能常圆呢？你我夫妻的爱情，应该胜似明月，永无‘缺’时。”

文君与相如琴书作伴，一晃就过了半年，渐渐坐吃山空。连酒钱都没有了。相如把梁王赏赐自己的鹔鹏裘 (天鹅绒做的裘) 拿到阳昌开设的酒店去做抵押，仍然和平常一样不露声色地生活。文君也没留心，但家用仍日渐窘迫。文君知道前蜀守文翁在南门筑石室开设学校，曾请相如教授生徒，因为出游而中断。现在生活困难，劝相如再去教授。文君也像贫妇一样，到锦官那里去领些丝来织锦，挣点钱来补贴家用。相如喟然长叹道：“你本是个呼奴使婢的富家小姐，这样为生活而劳累，相如有所不忍啊！”文君笑道：“夫妇理当同甘共苦，我自幼学会织锦，也不算太苦，为了爱情，吃点苦算什么?”

蜀锦，是同类丝织品中的名产，文君手艺高，花色织得特别好看。

一日傍晚，文君抱锦到锦江河洗涤，只见夕阳西下了，天边的云霞映照在碧绿的江水中，文君把锦撒在彩霞倒影旁边，织锦和彩霞互相辉映，那红光衬托着文君的面庞，好像一片红云簇拥着一轮明月，美丽极了。相如怕文君失足落水，赶到锦江边上来看，见这情景，情不自禁地叫了一声："美哉!"文君闻声抬头，嗔怪地说："岸边游人甚多，你不怕别人当成笑话到处传扬?"相如急忙接过文君手中的锦，含笑和文君一同回到家中。

相如在石室教授生徒，很受尊敬。文翁任郡守时，费用由郡守支付，待遇较高。但现在的郡守不重视文学，改由生徒自交，生徒拿不出多少钱，夫妻二人挣的钱仍不够家用。加上隆冬将至，天气寒冷，文君早起晚睡，手脚僵冻，也织不了多少锦，夫妻二人只好艰难度日。一天，大雪飞扬，文君怕相如冷出病来，打开箱子寻找鹔鹴裘，怎么也寻不着。她奇怪地望着相如问道："鹔鹴裘哪儿去了。"相如叹了口气，说："我二人天天喝酒，欠阳昌的酒债快一年了，无钱还债，只好把鹔鹴裘拿去作抵，你不要再寻了。"文君不由一阵心酸，抱着相如哽咽地说："长卿，是我连累了你。"相如安慰她道："不应该说谁连累谁，贫贱夫妻，只要忠诚相爱，日子总是过得出来的。"文君仍固执地说道："鹔鹴裘是天鹅绒做的，未免可惜，何况眼前你很冷啊。"相如笑了笑说："人生贵适意耳，一裘何足道哉！我决不会冻死。鹔鹴裘还没喝完，叫马夫打酒去。"

文君一面喝酒，一面劝相如说："我二人不必这样自苦，你是个有身份有骨气的人，当然不会低声下气求人，我出身商家，不必那样高傲，临邛有弟兄，有亲戚，向他们借点钱暂渡困难，以后再从长计议吧!”说着，她用乞求的眼光看着相如。相如心中不忍，只好同意。当即叫马夫套车，经过两天的跋涉，又回到临邛，二人仍在都亭住下。

不料文君叫马夫向兄弟借钱的事被卓王孙知道了，他大发脾气骂道：“贱女太不成才，公然私奔，丢我的脸，自作自受，不要理她。”卓家兄弟不敢违抗父命借钱给文君。文君和相如被迫索性把马车卖去，租一间房子，开了酒店。相如用一段白布，写了一个大大的“酒”字，挂在店门口。

文君和相如合计：“本钱太少，不能雇人，除马夫打杂外，由你来跑堂，我坐在垆前打酒，你看好吗?”相如回答道：“大丈夫能屈能伸，做个酒保，斯文依然，怕什么，只是太委屈了你。”文君含笑说：“什么委屈不委屈！如此你我既可开怀痛饮，又可借此谋生，何乐而不为呢?”

文君私奔相如，本已惊世骇俗，今又当垆卖酒，且酒店就开在卓家大院那条街上，这真个是轰动了临邛城。酒店人流如织。有来买酒、喝酒的，也有来看热闹的。文君淡妆素抹，泰然自若，只顾忙着打酒，相如也脱去长袍，改着短衫，在店堂中跑个不停，像酒保一样劳作，而眉宇之间，又自不同凡响。看热闹的人都议论开了。有的说，司马相如做过武骑常侍，官儿虽然不大，总是天子身边的人，居然当起酒保来，太丢脸；有的说，卓王孙是蜀郡首富，平时很吝啬，不料女儿做出这样的丑事，给他脸上抹黑，活该；但也有的说，一对才子佳人卖酒为生，不失为轶闻佳话，有何可羞？

卓王孙听见这些议论，在家生闷气，从此闭门不出。文君的两个小兄弟乘机劝父亲拿些钱给姐姐，叫她关闭酒店，卓王孙默然不答。忽然奴仆报称程郑来访，卓王孙只好站起身来迎接。

程郑一见面便说："我和你曾经想过结亲家，如今文君小姐已失身于司马长卿，当然是个遗憾。长卿倦游不做官，目前虽然很穷，但此人名满天下，岂能长期埋没？你我是商人，何妨略加周济，日后自有好处。况且他是临邛县令王吉的好友，得罪了县令，岂非因小失大？你只有两男一女，不如将计就计给文君小姐一些钱，让他夫妇回成都去。"卓王孙还在沉吟，小儿子又道："程伯伯的话很有道理，希望父亲好好考虑一下。"

卓王孙只得无可奈何地说："好吧，把原来准备陪嫁的东西都赏给她。"

文君得到了嫁妆，外加僮仆一百多名，铜钱一百多万，便和相如双双返回成都置办田宅，又于花园内筑一琴台，与相如抚琴遣怀。

到了春末夏初，夫妻二人常常漫步锦江江岸，只见画舫往来江中，岸边小孩子追逐嬉戏。文君忽然对相如说："长卿，我们要是有个孩子该多好啊，我一定要使他成为你那样有学问的人。"相如含笑回答："还要像你一样超凡脱俗。"文君依偎着相如说："长卿，孩子早迟会有的，目前无事，何不先编一本适合孩子用的识字读本，将来也好教孩子识字。”相如应道：“文君，你说得极对。许多孩子想读书，可惜没有读本，编一本识字书，天下后世的孩子都可以用它来启蒙。”相如把这捆竹简拿给文君看，并说：“你看给它取个什么名字？”文君看到这书开头是“凡”“将”两个字，即兴答道：“就把它名为《凡将篇》吧。”

相如的好友杨得意是个打猎的能手，原来也在做“郎”，近年升任了狗监，掌管训练猎犬。天子爱打猎，他也因此常在天子身边。一天，天子偶然翻阅到相如的《子虚赋》，觉得情文并茂，十分欣赏，以为是前代文人的作品，不禁感叹地说：“可惜此人与朕不同时啊！”杨得意一旁听见，立即上前禀奏说：“此赋是臣家乡人司马相如所作。”天子大喜，立即下诏命相如到长安来。

相如奉到诏书非常兴奋，他想：当今天子喜辞赋，实天赐良缘，我应当立即到京城去。可又留恋爱妻，觉得难舍难分！文君洞悉其衷，便劝相如说：“男子三十而娶，四十岁就是强仕之年了。长卿年过四十，正当为国出力，放心去吧。”

说罢即为相如打点行装。上路这天，她把相如送到北门的沙河桥，并在桥楼上摆宴，为他饯别。

相如取来笔墨，在桥柱上题了几个字：“不乘高车驷马，不过此桥!”文君端起酒樽，敬了相如后说道：“长卿此行，必然能高车驷马而归，但愿不要把我忘了。”直到红日偏西，夫妻二人才挥泪告别。

到了长安，天子见相如一表人才，文章又那么华美，遂令官还原职，随侍左右，很受宠幸。一些达官显贵也纷与结交。有个住在茂陵附近的官儿托媒来说，要把女儿给相如做妾，相如严词回绝了。不料此事却谬传为相如应允此事，真把他的女儿娶做了妾。消息不胫而走，很快传到了成都。文君的一个婢女听到了这谣言，当即禀告文君。文君十分悲痛，顿觉天旋地转，晕倒在地。幸经婢女灌了些汤水后，才慢慢苏醒过来。她是个刚强的人，暗想自己对相如不为不厚，如今居然喜新厌旧，另有新欢，我岂能表示沉默？于是提起笔来，给相如写了一封信，交驿站送到长安去。

相如接到家书，拆开一看，只见是文君亲笔写的一首《白头吟》：

皑如山上雪，
皎若云间月。
闻君有两意，
故来相决绝。
今日斗酒会，
明旦沟水头。
躞蹀御沟上，
沟水东西流。
凄凄复凄凄，
嫁娶不须啼。
愿得一心人，
白头不相离。

竹竿何袅袅，

鱼尾何簁簁！

男儿重意气，

何用钱刀为！

相如觉得这首《白头吟》的语气不像文君的，但那块帛上的笔迹却一点不错，文君又不附一个字，究竟是什么缘故呢？他是个绝顶聪明的人，忽然想起两月前茂陵人要送女儿作妾的事，一定传到了文君耳中，引起了误会。于是立即提笔在白绸上作了回复，表白自己坚贞不二之意。信中写道：

五味虽甘，宁先稻黍。五色有灿，而不掩韦布……锦水有鸳，汉宫有木。诵子嘉吟，而回余故步。当不令负丹青，感白头也。

文君看到书信中的“诵子嘉吟，而回余故步”九字，知道相如想回来辨明是非，感到自己错怪了他，心中的疑虑这才渐渐消除。

成都，是个美丽的城市。春天来了，繁花似锦，杜鹃花十分娇艳，夏天，城西南角的大小池塘，开满了莲花，秋天，木芙蓉开满了墙头屋角。冬天，琴台附近的梅花开得特别好。文君看到杜鹃花开，总是联想到杜鹃啼血，相如该有“不如归去”之感了；文君看到莲花，又联想到莲花一名芙蓉，谐音“夫容”，又感叹不知何时能和相如重聚；文君看到木芙蓉，又联想到木芙蓉原名拒霜花，很像自己的性格；文君看见了梅花，又联想到自己也像梅花一样，独领春先。可是，相如却不在自己身边……她只好登上琴台，弹着绿绮琴独自遣愁。一弹，又总离不了相如的《凤求凰》，琴音勾起初恋的甜蜜，又夹着眼前的一丝酸楚……

一天，文君忽闻门外人声鼎沸。原来是相如朝靴朝服，气宇轩昂地步进中堂。夫妻相逢，千言万语一时不知从何说起。亲戚、朋友们见相如归来，纷纷前来道贺。客人散去后，二人携手步入后堂，举酒对饮。文君谈及茂陵女的误会，向相如表示歉意。相如答道："关山远阻，误会之事在所难免，何况'富易交，贵易妻'几成常套，世人鲜能免俗。一首《白头吟》，足见夫人秉性坚强，大有'宁为玉碎，不为瓦全'的气概，极可敬佩。"文君笑道："这是一首民间诗歌，不是我写的，长卿别误会。不过，我喜欢这首诗歌中的女主人公很有志气，我希望普天下女子，都要有这种气度。主动抛弃那些负心的男子，不要让他们来鄙视自己。当然，长卿是不会负心的，我相信我的眼力。"说完，嫣然一笑，相如也开怀大笑起来。

相如接着说："此来不是专为探亲，是奉上命而来的。"文君惊问："何事？"相如道："天子接受张骞的建议，说是曾在大夏见过邛竹杖，了解到这邛竹杖是从身毒国买的，可见身毒国去蜀郡不会太远，就派中郎将唐蒙由犍为地区进入僰地和夜郎，寻找通往大夏的去路。不料唐蒙太粗暴，征发巴蜀万多人运送军粮，且滥用军法杀其统领。巴蜀受到惊扰，被强迫征调的人往往逃跑或自杀。故天子特派我前来安抚人心，收拾局面，因得以同夫人相见。”文君恍然大悟说：“通西南夷是件大事，她关系到巴蜀的长治久安。唐蒙操之过急，自相惊扰，故安抚是必要的。长卿如何对待此事呢?”相如笑道：“我会击剑，又会写文章，是一个上马可以杀贼，下马可以草檄的戎马书生。然此事当取怀柔晓喻为上，写篇檄文，由巴蜀太守下达天子本意，使老百姓中的头面人物都了解真情，群情自然就安定了。”文君说：“很好。事不宜迟，今晚就写，明天即可颁发。”

相如的《喻巴蜀檄》当晚就动笔。文君秉烛相侍，相如写一句，文君抄一句：

告巴蜀太守：……陛下即位，存抚天下，辑安中国，然后兴师出兵，北征匈奴，单于怖骇，交臂受事，屈膝请和。康居西域，重译纳贡，稽首来享。移师东指，闽越相诛；右吊番禺，太子入朝。南夷之君，西僰之长，常效贡职，不敢惰怠，延颈举踵，喁喁然皆争归义，欲为臣妾，道里辽远，山川阻深，不能自致。……故遣中郎将往宾之，发巴蜀之士各五百人以奉币帛，卫使者不然，靡有兵革之事，战斗之患。今闻其乃发军兴制，惊惧子弟，忧患长老，郡又擅为转粟运输，皆非陛下之意也。当行者或亡逃自贼杀，亦非人臣之节也……然此非独行者之罪也，父兄之教不先，子弟之率不谨，寡廉鲜耻。而俗不长厚也。其被刑戮，不亦宜乎!

陛下患使者有司之若彼，悼不肖愚民之如此，故遣信使晓喻百姓以发卒之事，因数之以不忠死亡之罪，让三老孝悌以不教，诲之过。方今田时，重烦百姓，已亲见近县，恐远所溪谷山泽之民不遍闻。檄到，急下县道，使咸喻陛下之意，唯毋忽也！

文君赞美地说：“写得真好，条理清楚。既说明了天子原只命在巴蜀两郡各征调五百人来保护出使人员和礼品，并非征兵，而唐蒙错误理解了天子的旨意，既征兵上万，又征调军粮，致成骚扰，又指出被征调的人员应当考虑到国家利益，不应该逃亡和自杀，但这也不全怪被征的人，应把责任归到‘三老、孝悌’等少数地方士绅身上，他们都是头面人物，人数虽少，却能蒙蔽百姓，责任推给他们，使之有所畏惧，百姓的气也消了。长卿，你真有安邦定国之才啊！”

第二天一早，相如派人把檄文插上羽毛，作为火急文书送到蜀郡和巴郡太守府中，令他们即日转发下去。果然，这个檄文和百姓一见面，民心马上安稳下来，大家奔走相告，称颂天子圣明。

经过几个月时间，相如办完了公事，和文君一同返回长安。在御前复命之后，就和文君同在茂陵住下了。茂陵是天子的生圹，周围是长安一些达官贵人的住宅区，道路宽广，林木茂盛，相如不喜欢结交权贵，除上朝外，常和文君在家中读书弹琴，自得其乐。

兴元六年壬子，蜀中邛、筰等地的酋长们听说夜郎与汉朝相通后，获得大批财物，也纷纷要求向汉朝称臣。蜀中士绅以及朝中大臣对此事极不赞成，认为如果接受了他们的请求，是让汉人花钱去帮助夷狄，很不合算。汉天子想到司马相如对此事比较了解，就召问相如。相如奏称：“西南夷很落后，人民多为奴隶，生活极苦，他们常常望着内地号哭，希望汉天子拯救他们。臣以为普天之下，莫非王土，陛下应当对西南夷施行仁政，救他们于水火之中，何况西夷中的邛、筰，道近易通，应当设置郡县，以便进一步使南夷归化。”

天子采纳了相如的意见，任命相如为中郎将，出使西南夷。文君思念家乡，随相如一同返蜀。蜀太守闻知相如做了中郎将，俸禄比照二千石，是三公以下的高级官员，不敢怠慢，率领当地官员出城十里相迎。卓王孙及临邛头面人物也纷纷抬着牛酒，赶到成都祝贺。卓王孙见相如如此荣耀，喟然叹息说：“长卿真有才能，当了这么大的官，今天才失悔，我没有早点把女儿嫁给他。”于是把家中财产，重新分一股给文君，使文君所得的财产和两个兄弟一样多。

相如在成都稍事歇息，就积极修筑灵关道（今四川芦山县境），并在孙水、沫水、若水上建造桥梁，打开通往邛、绍一带的道路，建立了越西（今西昌）、益州（今云南）、掸舸（今贵州）等郡，对西夷和南夷各部落好言安抚，由他们驻守当地，各部落人民无不欢喜。

相如通了西南夷，回到成都，带着文君再度回到长安，天子嘉奖相如立了大功，赐给了相如许多东西。不料朝中反对通西南夷的人，对相如心怀不满，就把卓王孙分家财给文君的事偷换为相如受贿，诬告了相如。天子一时不明真相，撤去了相如的中郎将官职。相如上书申辩，天子派人查访，一年后才弄清真相，相如才得以官复原职。但相如从此意兴阑珊，经常请病假不肯上朝，以琴书诗文自遣。

一天，天子叫相如随侍狩猎，天子亲射猛兽，以夸耀群臣。相如认为这是好大喜功在生活上的表现，上书劝天子谨慎一些。说是“明者远见于未萌，而知者避危于无形”。天子看了，笑而不答。路经宜春宫时，相如知道这个宜春宫本为秦二世胡亥的离宫，就写了《哀秦二世赋》，指出秦二世骄奢淫逸，听信谗言，难免身首异处，望天子以此为鉴。

天子知道相如厌倦官场生活，喜欢音乐和文章，就拜相如为孝文园令。这是孝文帝陵墓的管理机构，无事可做。他整天和文君弹琴饮酒，优游岁月。天子问他以神仙的事情，相如就虚构一篇《大人赋》上奏。他写道：

世有大人兮，在乎中州，专弥万里兮。曾不足以稍留，悲世俗之迫隘兮。揭轻举而远游，乘虚无而上遐兮，超无友而独存。

天子读后，感到“飘飘然有凌云之气。”但相如也只是应付一下，他和文君并不相信神仙，只顾优游度日，得尽天年而已。

有一天，宦官奉陈皇后的使命，给相如送来黄金一百斤，并陈述道：陈皇后因得罪了天子而失宠，退居长门宫（冷宫），终日以泪洗面。只因素闻相如文章名满天下，故欲请提笔，代写一篇文章来感动天子，因备薄礼，以为酒费。相如商之文君，文君对陈皇后的境遇十分同情，说：“陈皇后小名阿娇，与天子一起长大，是天子姑母长公主的女儿，幼年时候，长公主把天子抱在膝上，问他想不想娶阿娇为妻，天子回答说：‘假如娶得着阿娇，我愿拿黄金修一间屋子给她住’，可见，天子和陈皇后原是有深厚感情的。如今废居长门，也实在可怜，你何不写一篇《长门赋》来替她陈情？天子或许会回心转意。”

相如接受文君的意见。文君叫婢女准备笔墨，又亲自为相如斟上一盅美酒。相如一面饮酒，一面起草，很快就写出了《长门赋》，文君展读道：

夫何一佳人兮，步逍遥以自虞。
魂逾佚而不反兮，形枯槁而独居。
言我朝往而暮来兮，饮食乐而忘人。
心慊移而不省故兮，交得意而相亲。

伊予志之慢愚兮，怀贞悫之欢心。
愿赐问而自进兮，得尚君之玉音。
奉虚言而望诚兮，期城南之离宫。
修薄具而自设兮，君曾不肯乎幸临。
廓独潜而专精兮，天漂漂而疾风。
登兰台而遥望兮，神怳怳而外淫。
浮云郁而四塞兮，天窈窈而昼阴。
雷殷殷而响起兮，声象君之车音。

飘风回而起闺兮，举帷幄之襜襜。
桂树交而相纷兮，芳酷烈之訚訚。
孔雀集而相存兮，玄猿啸而长吟。
翡翠胁翼而来萃兮，鸾凤翔而北南。

心凭噫而不舒兮，邪气壮而攻中。
下兰台而周览兮，步从容于深宫。
正殿块以造天兮，郁并起而穹崇。
间徙倚于东厢兮，观夫靡靡而无穷。
挤玉户以撼金铺兮，声噌吰而似钟音。

刻木兰以为榱兮，饰文杏以为梁。
罗丰茸之游树兮，离楼梧而相撑。
施瑰木之欂栌兮，委参差以槺梁。
时仿佛以物类兮，象积石之将将。
五色炫以相曜兮，烂耀耀而成光。
緻错石之瓴甓兮，象玳瑁之文章。
张罗绮之幔帷兮，垂楚组之连纲。

抚柱楣以从容兮，览曲台之央央。
白鹤噭以哀号兮，孤雌跱于枯杨。

日黄昏而望绝兮，怅独讬于空堂。
悬明月以自照兮，徂清夜于洞房。
援雅琴以变调兮，奏愁思不可长。
案流徵以却转兮，声幼妙而复扬。
贯历览其中操兮，意慷慨而自卬。
左右悲而垂泪兮，涕流离而从横。
舒息悒而增欷兮，蹝履起而彷徨。
揄长袂以自翳兮，数昔日之諐殃。
无面目之可显兮，遂颓思而就床。
抟芬若以为枕兮，席荃兰而茝香。

忽寝寐而梦想兮，魄若君之在旁。
惕寤觉而无见兮，魂迋迋若有亡。
众鸡鸣而愁予兮，起视月之精光。
观众星之行列兮，毕昴出于东方。
望中庭之蔼蔼兮，若季秋之降霜。
夜曼曼其若岁兮，怀郁郁其不可再更。
澹偃蹇而待曙兮，荒亭亭而复明。
妾人窃自悲兮，究年岁而不敢忘。

文君念完，以为此文情深意切，扣人心扉，叫人立送陈皇后。陈皇后读过此赋，不觉掩卷饮泣，觉得字字句句撞击心灵，当即设法呈奏天子。天子与陈皇后本是恩爱夫妻，多日不见陈皇后，心中原有些挂念，今见此赋，不觉动容，遂派人接回陈皇后，重归于好。这件事被人们传颂一时，以致后来被说成：司马相如是第一个写文章卖钱的文人。其实哪里是那么回事呢？

岁月如流，相如身体逐渐衰弱，又患了消渴症，慢慢竟卧床不起。文君侍奉汤药，日夜不离，遍请京城良医，但仍治疗无效。拖到元狩六年，相如自知大去之期不远，心中十分凄楚。他拉着文君的手，喃喃说道："你我夫妻情深义重，可惜没有给你留下一男半女，我死之后，望你多多保重！"文君泣不成声地回答："长卿不要乱想，你的病会慢慢好起来的。"相如含泪不语。

月光凄清地从窗外射了进来，照着这对将死别的夫妻。文君心已碎了。她望着年仅 62 岁，但却白发斑斑、骨瘦如柴的相如，往事一幕幕从眼前掠过。她想起了私奔之夜，宛如昨日……"时光啊，要是你永远驻留在那个时候该多好啊!"晶莹的泪珠，点点滴滴落在相如蜡黄的脸上。她四十开外，风韵犹存，却像一座石雕像，坐在那里纹丝不动。

不知过了多久，她发觉相如的手渐渐凉了……她猛然惊醒，俯身抱着相如恸哭："长卿，你醒醒呀!"相如再也没有回答。文君顿觉天昏地暗，晕倒在地。

一代文坛巨匠的逝世，震惊了长安。天子怕相如的文章散失，派近侍所忠前往吊丧，并收存相如的遗著。所忠到相如家中传了天子旨意，文君含泪说：“长卿生前时时著书，但不注意保存，都被别人取去了。家中只剩这卷书，请你呈奏天子吧！”相如遗书主张天子亲身去封泰祭天，禅梁父山祭地，以宣扬大汉朝的盛德，使万民更加拥护朝廷。天子看后叹息道：“朕一向只知打仗，这封禅之事比打仗不更好吗？”遂传令赐万钱安葬相如。

附录

一、卓文君作品

（一）《白头吟》

皑如山上雪，皎若云间月。

闻君有两意，故来相决绝。

今日斗酒会，明旦沟水头。

躞蹀御沟上，沟水东西流。

凄凄复凄凄，嫁娶不须啼。

愿得一心人，白头不相离。

竹竿何袅袅，鱼尾何簁簁！

男儿重意气，何用钱刀为！

（二）《诀别书》

春华竞芳，五色凌素，琴尚在御，而新声代故！

锦水有鸳，汉宫有水，彼物而新，嗟世之人兮，瞀于淫而不悟！

朱弦断，明镜缺，朝露晞，芳时歇，白头吟，伤离别，努力加餐勿念妾，锦水汤汤，与君长诀！

二、司马相如作品

(一)　《凤求凰》　(并琴歌二首)

有一美人兮，见之不忘。
一日不见兮，思之如狂。
凤飞翱翔兮，四海求凰。
无奈佳人兮，不在东墙。
将琴代语兮，聊写衷肠。
何日见许兮，慰我彷徨。
愿言配德兮，携手相将。
不得於飞兮，使我沦亡。

凤兮凤兮归故乡，遨游四海求其凰。
时未遇兮无所将，何悟今兮升斯堂！

有艳淑女在闺房，室迩人遐毒我肠。

何缘交颈为鸳鸯，胡颉颃兮共翱翔！

凰兮凰兮从我栖，得托孳尾永为妃。

交情通意心和谐，中夜相从知者谁？

双翼俱起翻高飞，无感我思使余悲。

（二）《长门赋》（并序）

孝武皇帝陈皇后，时得幸，颇妒。别在长门宫，愁闷悲思。闻蜀郡成都司马相如天下工为文，奉黄金百斤，为相如、文君取酒，因于解悲愁之辞。而相如为文以悟主上，陈皇后复得亲幸。其辞曰：

夫何一佳人兮，步逍遥以自虞。

魂逾佚而不反兮，形枯槁而独居。

言我朝往而暮来兮，饮食乐而忘人。

心慊移而不省故兮，交得意而相亲。

伊予志之慢愚兮，怀贞悫之欢心。

愿赐问而自进兮，得尚君之玉音。

奉虚言而望诚兮，期城南之离宫。

脩薄具而自设兮，君曾不肯乎幸临。
廓独潜而专精兮，天漂漂而疾风。
登兰台而遥望兮，神怳怳而外淫。
浮云郁而四塞兮，天窈窈而昼阴。
雷殷殷而响起兮，声象君之车音。
飘风回而起闺兮，举帷幄之襜襜。
桂树交而相纷兮，芳酷烈之訚訚。
孔雀集而相存兮，玄猿啸而长吟。
翡翠胁翼而来萃兮，鸾凤翔而北南。

心凭噫而不舒兮，邪气壮而攻中。
下兰台而周览兮，步从容于深宫。
正殿块以造天兮，郁并起而穹崇。
间徙倚于东厢兮，观夫靡靡而无穷。
挤玉户以撼金铺兮，声噌吰而似钟音。

刻木兰以为榱兮，饰文杏以为梁。
罗丰茸之游树兮，离楼梧而相撑。
施瑰木之欂栌兮，委参差以槺梁。
时仿佛以物类兮，象积石之将将。
五色炫以相曜兮，烂耀耀而成光。

缀错石之瓴甓兮，象玳瑁之文章。
张罗绮之幔帷兮，垂楚组之连纲。

抚柱楣以从容兮，览曲台之央央。
白鹤噭以哀号兮，孤雌跱于枯杨。
日黄昏而望绝兮，怅独托于空堂。
悬明月以自照兮，徂清夜于洞房。
援雅琴以变调兮，奏愁思不可长。
案流徵以却转兮，声幼妙而复扬。
贯历览其中操兮，意慷慨而自卬。
左右悲而垂泪兮，涕流离而从横。
舒息悒而增欷兮，蹝履起而彷徨。
揄长袂以自翳兮，数昔日之諐殃。
无面目之可显兮，遂颓思而就床。
抟芬若以为枕兮，席荃兰而茝香。

忽寝寐而梦想兮，魄若君之在旁。
惕寤觉而无见兮，魂迋迋若有亡。
众鸡鸣而愁予兮，起视月之精光。
观众星之行列兮，毕昴出于东方。
望中庭之蔼蔼兮，若季秋之降霜。

夜曼曼其若岁兮，怀郁郁其不可再更。

澹偃蹇而待曙兮，荒亭亭而复明。

妾人窃自悲兮，究年岁而不敢忘。

(三) 《子虚赋》

楚使子虚使于齐，王悉发车骑，与使者出畋。畋罢，子虚过奼乌有先生，亡是公在焉。坐定，乌有先生问曰："今日畋乐乎？"子虚曰："乐。""获多乎？"曰："少。""然则何乐？"对曰："仆乐齐王之欲夸仆以车骑之众，而仆对以云梦之事也。"曰："可得闻乎？"

子虚曰："可。王车驾千乘，选徒万骑，畋于海滨。列卒满泽，罘罔弥山，掩兔辚鹿，射麋脚麟。骛于盐浦，割鲜染轮。射中获多，矜而自功。顾谓仆曰：'楚亦有平原广泽游猎之地饶乐若此者乎？楚王之猎孰与寡人乎？'仆下车对曰：'臣，楚国之鄙人也，幸得宿卫十有余年，时从出游，游于后园，览于有无，然犹未能遍睹也，又焉足以言其外泽者乎？'齐王曰：'虽然，略以子之所闻见而言之。'

"仆对曰：'唯唯。臣闻楚有七泽，尝见其一，未睹其余也。臣之所见，盖特其小小耳者，名曰云梦。云梦者，方九百里，其中有山焉。其山则盘纡岪郁，隆崇律崒；岑崟参差，日月蔽亏；交错纠纷，上干青云；罢池陂陁，下属江河。其土则丹青赭垩，雌黄白坿，锡碧金银，众色炫耀，照烂龙鳞。其石则赤玉玫瑰，琳珉昆吾，瑊玏玄厉，碝石武夫。其东则有蕙圃：衡兰芷若，穹穷昌蒲，江离麋芜，诸柘巴且。其南则有平原广泽，登降陁靡，案衍坛曼。缘以大江，限以巫山。其高燥则生葴析苞荔，薛莎青薠。其埤湿则生藏莨蒹葭，东蔷雕胡，莲藕觚卢、庵闾轩于，众物居之，不可胜图。其西则有涌泉清池，激水推移，外发芙蓉菱华，内隐钜石白沙。其中则有神龟蛟龙，瑇瑁鳖鼋。其北则有阴林巨树，楩柟豫章，桂椒木兰，檗离朱杨，樝梨梬栗，橘柚芬芳；其上则有鹓雏孔鸾，腾远射干；其下则有白虎玄豹，蟃蜒貙犴。

‘于是乃使剸诸之伦，手格此兽。楚王乃驾驯驳之驷，乘雕玉之舆。靡鱼须之桡旃，曳明月之珠旗。建干将之雄戟，左乌号之雕弓，右夏服之劲箭。阳子骖乘，纤阿为御，案节未舒，即陵狡兽。蹴蛩蛩，辚距虚，轶野马，韢陶駼，乘遗风，射游骐。倏眒倩浰，雷动猋至，星流霆击。弓不虚发，中必决眦，洞胸达腋，绝乎心系。获若雨兽，揜草蔽地。于是楚王乃弭节徘徊，翱翔容与。览乎阴林，观壮士之暴怒，与猛兽之恐惧。徼𠝤受诎，殚睹众物之变态。

‘于是郑女曼姬，被阿锡，揄纻缟，杂纤罗，垂雾縠。襞积褰绉，郁桡溪谷。衯衯裶裶，扬袘戌削，蜚纤垂髾。扶舆猗靡，噏呷萃蔡。下摩兰蕙，上拂羽盖。错翡翠之葳蕤，缪绕玉绥。眇眇忽忽，若神仙之仿佛。

‘于是乃相与獠于蕙圃，媻姗勃窣，上金堤，揜翡翠，射鵕鸃。微矰出，孅缴施。弋白鹄，连駕鹅。双鸧下，玄鹤加。怠而后游于清池。浮文鹢，扬旌栧。张翠帷，建羽盖。罔瑇瑁，钩紫贝。摐金鼓，吹鸣籁。榜人歌，声流喝。水虫骇，波鸿沸。涌泉起，奔扬会。礧石相击，硠硠礚礚，若雷霆之声，闻乎数百里之外。将息獠者，击灵鼓，起烽燧。车案行，骑就队。纚乎淫淫，般乎裔裔。

‘于是楚王乃登云阳之台，泊乎无为，澹乎自持，勺药之和具而后御之。不若大王终日驰骋，曾不下舆，脟割轮焠，自以为娱。臣窃观之，齐殆不如。’于是齐王默然无以应仆也。”

乌有先生曰：“是何言之过也！足下不远千里，来贶齐国，王悉发境内之士，而备车骑之众，与使者出畋，乃欲戮力致获，以娱左右，何名为夸哉！问楚地之有无者，愿闻大国之风烈，先生之余论也。今足下不称楚王之德厚，而盛推云梦以为高，奢言淫乐而显侈靡，窃为足下不取也。必若所言，固非楚国之美也。无而言之，是害足下之信也。章君恶，伤私义，二者无一可，而先生行之，必且轻于齐而累于楚矣。且齐东陼钜海，南有琅邪；观乎成山，射乎之罘；浮勃澥，游孟诸；邪与肃慎为邻，右以汤谷为界。秋田乎青丘，彷徨乎海外。吞若云梦者八九于其胸中曾不蒂芥。若乃俶傥瑰玮，异方殊类，珍怪鸟兽，万端鳞崪，充牣其中，不可胜记。禹不能名，卨不能计。然在诸侯之位，不敢言游戏之乐，苑囿之大；先生又见客，是以王辞不复，何为无以应哉！”

(四)《上林赋》

亡是公听然而笑曰：“楚则失矣，而齐亦未为得也。夫使诸侯纳贡者，非为财币，所以述职也。封疆画界者，非为守御，所以禁淫也。今齐列为东藩，而外私肃慎，捐国逾限，越海而田，其于义固未可也。且二君之论，不务明君臣之义，正诸侯之礼，徒事争于游戏之乐，苑囿之大，欲以奢侈相胜，荒淫相越，此不可以扬名发誉，而适足以贬君自损也。

“且夫齐楚之事，又乌足道乎！君未睹夫巨丽也，独不闻天子之上林乎？左苍梧，右西极。丹水更其南，紫渊径其北。终始灞浐，出入泾渭；酆镐潦潏，纡馀委蛇，经营乎其内。荡荡乎八川分流，相背而异态。东西南北，驰骛往来，出乎椒丘之阙，行乎洲淤之浦，经乎桂林之中，过乎泱漭之野。汩乎混流，顺阿而下，赴隘狭之口，触穹石，激堆埼，沸乎暴怒，汹涌澎湃。滭弗宓汩，逼侧泌瀄。横流逆折，转腾潎洌，滂濞沆溉。穹隆云桡，宛潬胶戾。逾波趋浥，涖涖下濑。批岩冲拥，奔扬滞沛。临坻注壑，瀺灂賈坠，沈沈隐隐，砰磅訇磕，潏潏淈淈，湁潗鼎沸。驰波跳沫，汩濦漂疾。悠远长怀，寂漻无声，肆乎永归。然后灏溔潢漾，安翔徐回，翯乎滈滈，东注太湖，衍溢陂池。于是乎蛟龙赤螭，䱭鰽渐离，鰅鳙鳍鮀，禺禺魼鳎，揵鳍掉尾，振鳞奋翼，潜处乎深岩，鱼鳖讙声，万物众伙。明月珠子，的砾江靡。蜀石黄碝，水玉磊砢，磷磷烂烂，采色澔汗，藂积乎其中。鸿鹔鹄鸨，驾鹅属玉，交精旋目，烦鹜庸渠，箴疵䴔卢，群浮乎其上，汎淫氾滥，随风澹淡，与波摇荡，奄薄水渚，唼喋菁藻，咀嚼菱藕。

“于是乎崇山矗矗，巃嵸崔巍，深林巨木，崭岩参嵳，九嵕嶻嶭。南山峨峨，岩陁甗锜，摧崣崛崎。振溪通谷，蹇产沟渎，谽呀豁閜。阜陵别隝，崴磈嵔廆，丘虚堀礨，隐辚郁垒，登降施靡，陂池貏豸，沇溶淫鬻，散涣夷陆，亭皋千里，靡不被筑。掩以绿蕙，被以江蓠，糅以蘼芜，杂以留夷。布结缕，攒戾莎，揭车衡兰，稾本射干，茈姜蘘荷，葴持若荪，鲜支黄砾，蒋苎青薠，布濩闳泽，延曼太原。离靡广衍，应风披靡，吐芳扬烈，郁郁菲菲，众香发越，肸蚃布写，晻薆咇茀。

“于是乎周览泛观，缜纷轧芴，芒芒恍忽。视之无端，察之无涯，日出东沼，入乎西陂。其南则隆冬生长，涌水跃波。其兽则庸旄貘犛，沈牛麈麋，赤首圜题，穷奇象犀。其北则盛夏含冻裂地，涉冰揭河。其兽则麒麟角端，騊駼橐驼，蛩蛩驒騱，駃騠驴骡六庵注。

“于是乎离宫别馆，弥山跨谷，高廊四注，重坐曲阁，华榱璧珰，辇道纚属，步櫩周流，长途中宿。夷峻筑堂，累台增成，岩窔洞房，頫杳眇而无见，仰攀橑而扪天，奔星更于闺闼，宛虹托于楯轩，青龙蚴蟉于东箱，象舆婉僤于西清，灵圄燕于闲馆，偓佺之伦，暴于南荣。醴泉涌于清室，通川过于中庭。盘石振崖，嵚岩倚倾。嵯峨磼碟，刻削峥嵘。玫瑰碧琳，珊瑚丛生，珉玉旁唐，玢豳文鳞，赤瑕驳荦，杂臿其间，晁采琬琰，和氏出焉。

“于是乎卢橘夏熟，黄甘橙榛，枇杷橪柿，亭奈厚朴，梬枣杨梅，樱桃蒲陶，隐夫薁棣，答沓离支，罗乎后宫，列乎北园。崒丘陵，下平原，扬翠叶，扤紫茎，发红华，垂朱荣，煌煌扈扈，照曜钜野。沙棠栎槠，华枫枰栌，留落胥邪，仁频并闾，欃檀木兰，豫章女贞，长千仞，大连抱，夸条直畅，实叶葰楙，攒立丛倚，连卷欐佹，崔错癹骫，坑衡閜砢，垂条扶疏，落英幡纚，纷溶箾蔘，猗狔从风，藰莅芔歙，盖象金石之声，管籥之音。偨池茈虒，旋还乎后宫，杂袭絫辑，被山缘谷，循阪下隰，视之无端，究之无穷。

“于是乎玄猨素雌，蜼玃飞蠝，蛭蜩蠼猱，獑胡豰蛫，栖息乎其间。长啸哀鸣，翩幡互经。夭蟜枝格，偃蹇杪颠。隃绝梁，腾殊榛，捷垂条，掉希间，牢落陆离，烂漫远迁。若此者数百千处。娱游往来，宫宿馆舍，庖厨不徙，后宫不移，百官备具。

"于是乎背秋涉冬，天子校猎。乘镂象，六玉虬，拖霓旌，靡云旗，前皮轩，后道游。孙叔奉辔，卫公参乘，扈从横行，出乎四校之中。鼓严簿，纵猎者，河江为阹，泰山为橹，车骑雷起，殷天动地，先后陆离，离散别追。淫淫裔裔，缘陵流泽，云布雨施。生貔豹，搏豺狼，手熊罴，足埜羊，蒙鹖苏，绔白虎，被班文，跨埜马，凌三嵕之危，下碛历之坻。径峻赴险，越壑厉水。椎蜚廉，弄獬豸，格虾蛤，鋋猛氏，羂騕褭，射封豕。箭不苟害，解脰陷脑，弓不虚发，应声而倒。于是乘舆弭节徘徊，翱翔往来，睨部曲之进退，览将帅之变态。然后侵淫促节，倏夐远去，流离轻禽，蹴履狡兽。轊白鹿，捷狡兔，轶赤电，遗光耀。追怪物，出宇宙，弯蕃弱，满白羽，射游枭，栎蜚遽。择肉而后发，先中而命处，弦矢分，艺殪仆。然后扬节而上浮，凌惊风，历骇猋，乘虚无，与神俱。躏玄鹤，乱昆鸡，遒孔鸾，促鵔鸃，拂翳鸟，捎凤凰，捷鹓鶵，揜焦明。道尽途殚，回车而还。消遥乎襄羊，降集乎北纮，率乎直指，晻乎反乡。蹷石阙，历封峦，过鳷鹊，望露寒，下棠梨，息宜春，西驰宣曲，濯鹢牛首，登龙台，掩细柳。观士大夫之勤略，均猎者之所得获，徒车之所轥轹，步骑之所蹂若，人臣之所蹈籍，与其穷极倦𠈃，惊惮詟伏，不被创刃而死者，他他籍籍，填坑满谷，掩平弥泽。

"于是乎游戏懈怠，置酒乎颢天之台，张乐乎胶葛之宇。撞千石之钟，立万石之虡，建翠华之旗，树灵鼍之鼓，奏陶唐氏之舞，听葛天氏之歌，千人唱，万人和，山陵为之震动，川谷为之荡波。巴渝宋蔡，淮南干遮，文成颠歌，族居递奏，金鼓迭起，铿鎗闛鞈，洞心骇耳。荆吴郑卫之声，韶濩武象之乐，阴淫案衍之音，鄢郢缤纷，激楚结风。俳优侏儒，狄鞮之倡，所以娱耳目乐心意者，丽靡烂漫于前，靡曼美色于后。若夫青琴、宓妃之徒，绝殊离俗，妖冶娴都，靓妆刻饰，便嬛绰约，柔桡嫚嫚，妩媚孅弱。曳独茧之褕绁，眇阎易以恤削，便姗嫳屑，与俗殊服，芬芳沤郁，酷烈淑郁；皓齿粲烂，宜笑的皪；长眉连娟，微睇绵藐，色授魂予，心愉于侧。

“于是酒中乐酣，天子芒然而思，似若有亡，曰：‘嗟乎！此大奢侈。朕以览听馀闲，无事弃日，顺天道以杀伐，时休息于此。恐后叶靡丽，遂往而不返，非所以为继嗣创业垂统也。’于是乎乃解酒罢猎，而命有司曰：‘地可垦辟，悉为农郊，以赡萌隶，隤墙填堑，使山泽之人得至焉。实陂池而勿禁，虚宫馆而勿仞，发仓廪以救贫穷，补不足，恤鳏寡，存孤独，出德号，省刑罚，改制度，易服色，革正朔，与天下为更始。’

“于是历吉日以斋戒，袭朝服，乘法驾，建华旗，鸣玉鸾，游于六艺之囿，驰骛乎仁义之涂，览观《春秋》之林，射《狸首》，兼《驺虞》，弋玄鹤，舞干戚，载云罕，揜群雅，悲《伐檀》，乐乐胥，修容乎礼园，翱翔乎书圃，述《易》道，放怪兽，登明堂，坐清庙，次群臣，奏得失，四海之内，靡不受获。于斯之时，天下大说，乡风而听，随流而化，芔然兴道而迁义，刑错而不用，德隆于三王，而功羡于五帝。若此故猎，乃可喜也。若夫终日驰骋，劳神苦形，罢车马之用，抚士卒之精，费府库之财，而无德厚之恩，务在独乐，不顾众庶，亡国家之政，贪雉兔之获，则仁者不繇也。从此观之，齐楚之事，岂不哀哉！地方不过千里，而囿居九百，是草木不得垦辟，而人无所食也。夫以诸侯之细，而乐万乘之侈，仆恐百姓被其尤也。”

于是二子愀然改容，超若自失，逡巡避席，曰：“鄙人固陋，不知忌讳，乃今日见教，谨受命矣。”

（五）《上书谏猎》

臣闻物有同类而殊能者，故力称乌获，捷言庆忌，勇期贲、育。臣之愚，窃以为人诚有之，兽亦宜然。今陛下好陵阻险，射猛兽，卒然遇逸材之兽，骇不存之地，犯属车之清尘，舆不及还辕，人不暇施巧，虽有乌获、逢蒙之技不能用，枯木朽株尽为难矣。是胡越起于毂下，而羌夷接轸也，岂不殆哉！虽万全而无患，然本非天子之所宜近也。

且夫清道而后行，中路而驰，犹时有衔橛之变。况乎涉丰草，骋丘虚，前有利兽之乐，而内无存变之意，其为害也不难矣。夫轻万乘之重不以为安，乐出万有一危之途以为娱，臣窃为陛下不取。

盖明者远见于未萌，而知者避危于无形，祸固多藏于隐微而发于人之所忽者也。故鄙谚曰：“家累千金，坐不垂堂。”此言虽小，可以喻大。臣愿陛下留意幸察。

三、有关卓文君的诗词

（一）《琴台》（唐·杜甫）

茂陵多病后，尚爱卓文君。

酒肆人间世，琴台日暮云。

野花留宝靥，蔓草见罗裙。

归凤求凰意，寥寥不复闻。

（二）《望江亭》（元·关汉卿）

当垆卓女艳如花，

不记琴心未有涯。

负却今宵花底约，

卿须怜我尚无家。

注：此诗句首四字连起来为：当不负卿

（三）《卓文君》（南宋·周南）

旷代佳人十六七，肤如凝脂发抹漆。

芙蓉为脸玉为容，淡拂眉尖远山色。

夜梧月落秋夜长，孤鸾三叠传高堂。

琐窗认得琴心怨，直恐韶华不得当。

瑶环潜送殷勤意，只今犹记来时事。

杀身不赎父兄羞，图得岁寒成共蒂。

阳昌市里鹔鹴裘，鸾鉴相看未白头。

试拈玉轸拢金拨，新声比似旧声愁。

世间恩爱何时尽，流水落花皆往恨。

不愁归避茂陵人，羞逢往日临邛令。

鸳鸯并翅双飞宿，欲话衷肠歌不足。

古来应有白头吟，谁念妾身今再辱。

四、历代对卓文君与司马相如故事的记载

(一)《史记·司马相如列传》

司马相如者，蜀郡成都人也，字长卿。少时好读书，学击剑，故其亲名之曰犬子。相如既学，慕蔺相如之为人，更名相如。以赀为郎，事孝景帝，为武骑常侍，非其好也。会景帝不好辞赋，是时梁孝王来朝，从游说之士齐人邹阳、淮阴枚乘、吴庄忌夫子之徒，相如见而说之，因病免，客游梁。梁孝王令与诸生同舍，相如得与诸生游士居数岁，乃著子虚之赋。

会梁孝王卒，相如归，而家贫，无以自业。素与临邛令王吉相善，吉曰："长卿久宦游不遂，而来过我。"於是相如往，舍都亭。临邛令缪为恭敬，日往朝相如。相如初尚见之，後称病，使从者谢吉，吉愈益谨肃。临邛中多富人，而卓王孙家僮八百人，程郑亦数百人，二人乃相

谓曰："令有贵客，为具召之。"并召令。令既至，卓氏客以百数。至日中，谒司马长卿，长卿谢病不能往，临邛令不敢尝食，自往迎相如。相如不得已，彊往，一坐尽倾。酒酣，临邛令前奏琴曰："窃闻长卿好之，原以自娱。"相如辞谢，为鼓一再行。是时卓王孙有女文君新寡，好音，故相如缪与令相重，而以琴心挑之。相如之临邛，从车骑，雍容间雅甚都；及饮卓氏，弄琴，文君窃从户窥之，心悦而好之，恐不得当也。既罢，相如乃使人重赐文君侍者通殷勤。文君夜亡奔相如，相如乃与驰归成都。家居徒四壁立。卓王孙大怒曰："女至不材，我不忍杀，不分一钱也。"人或谓王孙，王孙终不听。文君久之不乐，曰："长卿第俱如临邛，从昆弟假贷犹足为生，何至自苦如此！"相如与俱之临邛，尽卖其车骑，买一酒舍酤酒，而令文君当炉。相如身自著犊鼻裈，与保庸杂作，涤器於市中。卓王孙闻而耻之，为杜门不出。昆弟诸公更谓王孙曰："有一男两女，所不足者非财也。今文君已失身於司马长卿，长卿故倦游，虽贫，其人材足依也，且又令客，独奈何相辱如此！"卓王孙不得已，分予文君僮百人，钱百万，及其嫁时衣被财物。文君乃与相如归成都，买田宅，为富人。

……

相如既病免，家居茂陵。天子曰："司马相如病甚，可往从悉取其书；若不然，後失之矣。"使所忠往，而相如已死，家无书。问其妻，对曰："长卿固未尝有书也。时时著书，人又取去，即空居。长卿未死时，为一卷书，曰有使者来求书，奏之。无他书。"其遗札书言封禅事，奏所忠。忠奏其书，天子异之。

（二）《西京杂记》（东晋·葛洪［一说为汉代刘歆］）

相如将聘茂陵人女为妾，卓文君作《白头吟》以自绝，相如乃止。

……

司马相如初与卓文君还成都，居贫愁懑，以所著鹔鹴裘，就市人阳昌贳酒，与文君为欢。既而，文君抱颈而泣曰："我平生富足，今乃以衣裘贳酒。"遂相与谋于成都卖酒，相如亲着犊鼻裈涤器，以耻王孙。王孙果以为病，乃厚给文君，文君遂为富人。

……

文君姣好，眉色如望远山，脸际常若笑蓉，肌肤柔滑如脂，十七而寡，为人放诞风流，故悦长卿之才而越礼焉。长卿素有消渴疾，及还成都，悦文君之色，遂以发痼疾，乃作《美人赋》欲以自刺，而终不能改，卒以此疾至死，文君为诔传于世。

（三）《圣贤高士传》（晋·嵇康）

司马相如者，蜀郡成都人，字长卿。初为郎，事景帝。梁孝王来朝，从游说士邹阳等，相如说之，因病免，游梁。后过临邛，富人卓王孙女文君新寡，好音。相如以琴心挑之，文君奔之，俱归成都。后居贫，至临邛，买酒舍，文君当垆，相如着犊鼻裈，涤器市中。为人口吃，善属文。仕宦不慕高爵，尝托疾不与公卿大事。终于家。

后　记

历史塑造出代代相传的绝代佳人，可对她们的生平事迹却又不屑一顾。除了那些跻身政坛的皇后嫔妃在史传中占了一点篇幅，且是惜墨如金，更多的美女佳人都只是在笔记、野史、小说、传奇、民间故事中才能搜罗出一点点传闻轶事，有的已变得面目全非。

传统的历史给了男人更多的关照，却少了对女人的关注和荣耀，她们是中国历史绕不开的死结。“红颜才女”系列图书共 10 本，从另一个视角展示了这些女性的美丽、欲望、才情和智慧等，并作了客观的评价。书中呈现了卓文君、班昭、蔡文姬、谢道韫、薛涛、鱼玄机、李清照、朱淑真、柳如是、顾太清 10 位女中豪杰的风采，她们离奇跌宕的身世和不可复制的命运，无不是一个时代与历史的精彩缩影。

西汉卓文君天生丽质，容貌姣好，自幼聪明伶俐，博闻雅识，诗歌词赋，无一不精，更兼擅长音律，琴技无双。然而，这朵娇艳欲滴的鲜花，却遭到狂风暴雨的摧残：父亲为了攀附权贵，将她嫁与李家公子。

丈夫体弱多病，撒手西去，文君只得独守空房。李府内妻妾争风吃醋，丑态百出，文君发现身边有一双邪淫的眼睛……才华横溢而又穷困潦倒的司马相如与卓文君一见倾心，双双坠入爱河。琴声相约，雪夜私奔，文君冲破世俗观念，抛却锦衣玉食的生活，毅然扑入爱人怀抱，贫寒的生活随之压向她柔弱的肩头。他日司马相如平步青云，飞黄腾达，沉溺于声色犬马之中，心生纳妾之意。卓文君悲痛欲绝的眼泪化作哀婉动人的诗句，相如读罢如当头棒喝，羞愧中找回从前的自我，二人始得生死相依，百年好合。

东汉班昭出身儒学世家，父亲班彪是远近闻名的学者，长兄班固著《汉书》，未竟而卒，次兄班超，为汉代著名外交家。在父兄的影响熏陶下，班昭学问广博，很有才干。十四岁时，班昭嫁于同郡人曹世叔。丈夫早年去世后，班昭清守妇规，举止合乎礼仪，气节品行非常好。班昭晚年，身患疾病，家中女子们又正当出嫁的年龄，班昭担心她们不懂妇女礼仪，令未来的夫家失面子，辱没了宗族，于闲暇时作《女诫》七章，以做勉励，书成后，对宫内妇女的教育很有帮助。班昭还继承长兄班固的事业，续写《汉书》。

东汉末年的蔡文姬是天生才女，通音律，善辞赋。命运苦难，她从繁华坠入风霜，宿命轮回，她遭遇爱与生命的流离。各色岁月一一尝遍，她终是无悔此生。她用一生风雨打磨饱满的灵魂，诉说着千古幽思。孤芳续汉史，血泪写春秋。《悲愤诗》与《胡笳十八拍》再现了蔡文姬凄楚的生活经历与悲愤的思想感情，一代代流传下来，成为千古绝唱。

东晋才女谢道韫留下来的事迹不多，其中最著名的故事，记载在《世说新语》中：谢安在一个雪天和子侄们讨论可用何物比喻飞雪。谢安的侄子谢朗说“撒盐空中差可拟”，谢道韫则说：“未若柳絮因风起”，因其比喻精妙而受到众人的称许。也因为这个著名的故事，她与汉代的班昭、蔡文姬等人成为中国古代才女的代表人物，而“咏絮之才”也成为后来人称许有文才的女性的常用词语，这段事迹亦为《三字经》“蔡文姬，能辨琴。谢道韫，能咏吟”所提及。在孙恩之乱时，丈夫王凝之为会稽内史，但守备不力，逃出被抓被杀，谢道韫听闻敌至，举措自若，拿刀出门杀敌数人才被抓。孙恩因感其节义，故赦免道韫及其族人。王凝之死后，谢道韫在会稽独居，终生未改嫁。

薛涛是古代十大才女之一，唐代首屈可指的女诗人，历史上的才女不少，但没有哪一个能像薛涛那样才艺双绝，具有多方面的才能，尤其在人生经验和政治素质上的历练无人可比。薛涛和很多在历史上留下名字的女子一样，有着清丽的容貌，虽然不幸坠入风尘，她的心灵却生长着一双自由的翅膀，以天性敏感和细腻，委婉地书写着温润的内心世界，细致入微地发掘个体生命体验，用哀怨的泪水勇敢地控诉时代的不公。身处庞大而炫目的诗歌唐朝，在那些光焰万丈的文学繁星中，她灼灼地发出自己的光芒，注定成为一个不容忽视的存在。

晚唐的女诗人当中，以鱼玄机最为知名，也最为传奇，色既倾国，思乃入神，又被誉为“才媛中之诗圣”。这样一位才貌双全的风流佳人，却时运不济，命途多舛，牵连进包括笞杀婢女绿翘在内的多宗谋杀案，最终以悲惨的结局收场。

宋代李清照的人与文，是一致的清丽，一样的充满光的气味，她是绝品的女子。生命被把持得清洁自如。纵然有曲折、有挫折、有跌宕、有不可预知的舛错，但她携着内心清正的道一点一点化解，从不拖沓。

南宋女诗人朱淑真是唐宋以来留存作品最丰盛的女作家之一。她生于仕宦之家，饱读诗书，精通音律，尤擅诗词，后人称之为“闺中之秀，女流之杰者”，为南宋多情才女和美女，与李清照齐名，但却婚姻不幸，遇人不淑，与丈夫志趣不合，夫妻不和睦，情绪时时抑郁苦闷而又无可奈何，她只有寄情于诗，移情于物来排遣爱情生活带来的“颦眉”，最终因抑郁早逝。传朱淑真过世后，父母将其生前文稿付之一炬，现存《断肠诗集》《断肠词》传世，是劫后余篇。

明末柳如是是秦淮八艳之一，琴棋书画样样精通。她二十四岁遇见钱谦益，他们以诗文为媒，惺惺相惜而走到了一起。面对改朝换代，柳如是与钱谦益两人由于认识上的不同，陷入了巨大的分歧之中，感情出现裂痕：一个远去北京做了清廷的官员，一个南下追寻抗清的南明军队。当一切繁华落尽，两人再度破镜重圆，在红豆山庄过起了平淡而恬静的田园生活，钱谦益死后，钱氏族人意欲争夺钱家家产，柳如是为了保全后代与钱氏家族的财产，用三尺白绫自缢而死。

顾太清是清代著名女词人。著作小说《红楼梦影》，成为中国小说史上第一位女性小说家，其文采见识非同凡响。顾太清多才多艺，且一生写作不辍，她的文学创作涉及诗、词、小说、绘画，尤以词名重士林。她做诗词全凭才气，不摆“唐模宋轨”的架子，倒也潇洒自如，平添一种风流态度。

女性用自己的经历创造历史，但在由男性书写的历史上，她们的存在史、她们的挣扎与奋斗、她们的快乐与痛苦都被压抑在黑暗之中，所以她们的人生经历更值得一读，透过它，人们可以从另一个角度重读历史。

为了增加图书的可读性和趣味性，本书在编写过程中参考了古今大量史料和札记轶闻，也参阅了今人研究者和历史爱好者的相关著作和文字，特对此隆重致谢。凡所参考文字大部分已得到作者同意并付予相应稿酬，但也有部分文字无法联系到原作者，若在阅读过程中发现贵文，烦请联络我处获得稿酬。

联系方式：1798789501@qq.com